武汉体育学院“体育教育与健康促进”省级优势特色学科群
建设资助项目

中国体育博士文丛

我国青少年校园篮球运动发展的动力机制研究

高 治 著

北京体育大学出版社

策划编辑：李志诚
责任编辑：侯恩毅
审稿编辑：梁 林
责任校对：张春芝
版式设计：小 小

图书在版编目（CIP）数据

我国青少年校园篮球运动发展的动力机制研究/高治著．—北京：北京体育大学出版社，2018.7
ISBN 978－7－5644－3004－7

Ⅰ.①我… Ⅱ.①高… Ⅲ.①篮球运动－校园体育－发展－研究－中国 Ⅳ.①G841

中国版本图书馆 CIP 数据核字（2018）第 178191 号

我国青少年校园篮球运动发展的动力机制研究　　高 治 著

出　　版：北京体育大学出版社
地　　址：北京市海淀区信息路 48 号
邮　　编：100084
邮 购 部：北京体育大学出版社读者服务部 010－62989432
发 行 部：010－62989320
网　　址：http：//cbs. bsu. edu. cn
印　　刷：北京虎彩文化传播有限公司
开　　本：787×1092 毫米　1/16
成品尺寸：157×235 毫米
印　　张：9. 25
字　　数：146 千字

2018 年 8 月第 1 版第 1 次印刷
定价：33. 00 元

摘 要

我国竞技篮球运动曾取得过辉煌成就，然而近年在世界甚至亚洲篮坛地位却逐趋下滑，其原因在于竞技篮球后备人才特别是青少年校园篮球后备人才培养理论与实践的诸多矛盾问题日趋凸显，出现动力与激励尤为不足现象。为完善竞技篮球运动理论，给我国竞技篮球科学、健康、可持续发展提供理论支撑与智力支持，本研究以青少年校园篮球运动发展动力机制为研究对象，运用文献资料法、问卷调查法、专家访谈法等研究方法，对动力机制、中外青少年篮球后备人才培养、我国青少年校园篮球发展动力困境、影响因素进行系统、深入研究，得出如下研究成果。

1. 校园篮球运动动力机制涉及经济、文化、教育、政府公共服务和体育等多从机制。众多机制并非单一存在，而是相互联系相互制约的。其理论基础源自于系统理论、共生理论、利益相关理论、社会机制运行理论，但同时有别于这四种理论而有自身独特的理论特点与运营方式。

2. 美国、西班牙、俄罗斯校园篮球运动发展动力的共同特征是：强有力的国家制度保障，科学系统的大、中、小学培养体系，众多的社会资本投入，良好的赛事运作，宽松的参与环境。

3. 中国青少年篮球运动发展动力困境有文化缺失、宣传不足、应试教育、学训矛盾、赛事体系不合理、执教水平不高、价值认同度不高、环境设施缺陷等多维驱动疲软因素。

4. 中国青少年篮球运动发展动力影响维度：个人维度、家庭维度、校园维度、社会维度。其中，个人维度涉及篮球价值、自身运动基础；家庭维度涉及家庭教育观、父母篮球运动基础；校园维度涉及篮球教师、硬件设施、课上课下；社会维度涉及社会关注、同伴、大众传媒。

5. 中国青少年篮球运动发展动力机制构成：动力机制主体为青少年个体、家庭、学校、社会及国家及文化、信息、利益三者构成的动力传导；动力机制功能为开发与提供校园篮球运动的动力发展，满足青少年群体的需要；动力机制运行过程为动力源的开发，动力转化以及监控评价机制。

6. 中国校园篮球运动发展动力对策：（1）落实政策，实现制度保障；（2）加大宣传，强化价值认同；（3）体教结合，打造双赢；（4）改善设施，提升学、训、赛效果；（5）完善赛制，提供比赛机遇；（6）强化明星效应，树立精神导向；（7）培训师资，提升教学水平；（8）注入社会资本，激活校园篮球市场。

关键词：青少年；校园篮球；运动发展；动力机制

ABSTRACT

Competitive basketball in China has made brilliant achievements. However, in recent years in the world and even Asian Basketball position but by hasten glides, the reason lies in the athletic basketball reserve personnel especially youth campus basketball reserve personnel training theory and practice of many contradictions and problems become increasingly prominent. Driving force and motivation is insufficient phenomenon. In order to perfect the theory of competitive basketball, basketball scientific, healthy and sustainable development of the our country to provide a theoretical support to the intelligence support, this paper to youth campus basketball development dynamic mechanism as the research object, using literature data, questionnaire survey, expert interviews and other methods, dynamic mechanism, Chinese and foreign youth basketball reserve personnel training, our country youth campus basketball development dynamic difficulties, influencing factors of systematic and in – depth study, reached the following findings:

1. the motive force mechanism of campus basketball involves economy, culture, education, government public service and sports and so on. Many mechanisms are not single, but interrelated and mutually restricted. The theoretical basis of the theory is based on the system theory, symbiosis theory, interest theory, social mechanism operation theory, but at the same time it is different from the four theories and has its own unique theoretical characteristics and operation mode.

2. The United States, Spain, Russia campus basketball movement motive force of the development of the common features of strong national system safeguard, the scientific system of big, medium, elementary school culture system, a large number of social capital investment, operation of a good tournament, easing participation in environmental.

3. The Chinese youth basketball development dynamic dilemma: lack of culture, lack of publicity, exam oriented education, contradiction between training, competition system is not reasonable, teaching level is not high, the value is not high degree of recognition, environment, facilities and defects multidimensional drive weak factors.

4. the influence factors of the development of Chinese youth basketball sports are: personal factors, family factors, school factors, social factors. Which involves basketball value, their own sports foundation of personal factor; family factor relates to the family education, parents of basketball foundation; campus factor relates to the basketball teachers, hardware facilities, class under; social factor involving social concern, peers and the mass media.

5. China Youth Basketball Development Dynamic Mechanism: the main motivation mechanism for adolescent individual, family, school, society and nation and culture, information, interest that constitutes the power transmission; dynamic mechanism function for the development and provide dynamic development of campus basketball, meet the needs of adolescents; dynamic mechanism and the process for development of the power source, power conversion, and monitoring and evaluation system.

6. China University Basketball Games motive force of the development of countermeasures: (1) implement policies to achieve security system; (2) increase the propaganda, strengthen the value identity; (3) combination of training and teaching, create a win – win; (4) improve facilities, enhance learning, training, competition effect; (5) improve the competition system, providing opportunities of the game; (6) strengthen the star effect, set up the spiritual orientation; (7) training of teachers, improve teaching level; (8) injection of social capital, activation of campus basketball market.

Key words: teenagers; campus basketball; sport development; dynamic mechanism

目 录

1 绪 论

1.1 选题依据

中国竞技篮球运动近年来取得过辉煌成就，2003—2013 年 10 年间，男子篮球 12 次征战国际大赛，其中包括 5 届亚锦赛、2 届亚运会、2 届世锦赛和 3 届奥运会，共计 89 场比赛，战绩为 62 胜 27 负，总胜率约为 70%。在这 12 届国际大赛中，赢得了 5 次亚洲冠军，并 4 次在世界大赛中实现小组出线，出师十二，凯旋有九。然而 2012 年伦敦奥运中国男子篮球全线垫底，每场完负，2013 年兵败菲律宾马尼拉丢掉亚锦赛冠军，2014 亚洲杯赛仅获第四，中国男子篮球出现严重滑坡，整体竞技实力明显回落，不仅世界地位下滑，而且沦为亚洲二线队伍。虽然 2015 击败菲律宾重夺亚锦赛冠军，但不可否认的是中国男子篮球进入一个新老交替、后备人才断档的尴尬时期。老一代的姚明、王治郅等相继退役，新一代的新星却屈指可数，中国男子篮球步入后继无人的危步局面。

中国竞技篮球运动的发展危困处境引起了党中央、国务院、国家重要领导人的高度重视，纷纷出台相关政策、提出建议、签署文件以强力推进中国竞技篮球运动的发展。国务院 2014 年 46 号文件——《关于加快发展体育产业促进体育消费的若干意见》明确指出："抓好潜力体育产业。以足球、篮球、排球三大球为切入点，以足球运动为龙头，以篮球运动为中坚，以排球运动为基石加速中国竞技体育职业化演进进程。" 2014 年习近平主席在青奥会接见中国篮球运动员时指出：中国篮球与世界顶级水平相比还有相当差距，应把篮球的目标定得更高点，争取拿到更好的成绩。勉励篮球要为"三大球"振兴作出努力〔1〕。2014 年

〔1〕 王恒志，顾涓，霍小光．牢记殷切期望力争全面丰收［N］．人民日报，2014 (1).

10月15日，教育部与美国职业篮球协会（NBA）在北京签署合作谅解备忘录，国务院副总理刘延东出席。双方将在设计开发篮球体育课程资源，开展学校教练员、运动员培训，举办体育论坛，设立校园篮球联赛等方面开展合作。备忘录旨在加强双方在篮球教育领域的合作，通过在中国大、中、小学普及和发展篮球运动，促进青少年学生的身体健康和体质发展。

中国竞技篮球运动的失落源于其基石的不稳定，而依欧美发达国家竞技篮球运动发展历程及中国优势项目实践经验看，竞技篮球运动的腾飞基石在于青少年校园篮球必须提供充足的动力源，构建出良好的竞技篮球动力机制，打造良性篮球后备人才培养有序循环系统，不断推进中国竞技篮球科学、健康、可持续发展。

实践上的落后往往需要理论的变革与突破，从迫切提升中国竞技篮球运动整体实力的实践角度而言，基于理论上重新深入的认识与探索中国青少年校园篮球动力，构建系统、科学、高效的具有中国特色的校园篮球动力机制，不仅是可行的而且也非常必要。

1.2 研究目的与意义

1.2.1 研究目的

本研究在系统梳理中国校园篮球运动相关研究的基础上，归纳总结国外篮球强国经验，进而嵌入中国特有的现有体制，深入探索中国青少年校园篮球运动动力的社会机制、学校机制、家庭机制以及青少年个体机制，然后建构中国青少年校园篮球的动力机制模型，依机制模型提出中国青少年校园篮球运动发展的相应动力对策，为中国青少年篮球运动后备人才培养提供策略咨询与价值建议，推进中国竞技篮球快速发展，促进中国社会主义体育事业总容量不断提升。

1.2.2 研究意义

（1）理论意义：本研究将从机制理论视角丰富中国篮球运动理论体系，给中国青少年校园篮球运动发展提供理论支撑与智力支持，同时也给中国其他运动项目的后备人才培养提供理论借鉴，渐趋推进中国竞技体育理论水平，攀升中国竞技体育理论层次。

（2）实践意义：本研究的机制理论模型及相应的策略建议与价值咨询将推进中国校园篮球运动改革的深入，以创新的理念促进中国青少年校园篮球运动的普及与发展，逐趋缓解中国篮球后备人才萎缩问题，使中国篮球尴尬局面得以解冻，为中国竞技体育事业的开拓与创新提供理论导向与实践参考。

1.3 研究对象与方法

1.3.1 研究对象

青少年校园篮球运动发展的动力机制。

1.3.2 研究方法

1.3.2.1 文献资料法

从武汉体育学院图书馆、超星电子图书馆、中国知网等查阅、收集与“青少年校园篮球”研究相关的著作类文献；以“青少年校园篮球”为关键词从中国期刊网、中国知网、万方数据库、Google 学术搜索等检索、收集相关期刊论文、学位论文资料 200 余篇；了解本研究的相关动态和前沿，开阔与拓展了本研究视野与思路，为确保本研究提供有力的理论支撑与指导。

1.3.2.2 问卷调查法

（1）问卷的设计：根据查阅与本研究相关的文献资料和青少年校园篮球动力机制方面的研究，对影响青少年校园篮球动力发展的青少年个体因素、家庭因素、校园因素以及社会因素 4 个方面进行了问卷的设计，详见附录 2。

（2）信度检验：研究采用 Cronbach's Alpha 参数法对问卷内部的一致性进行检验。信度是一致性的指标，信度系数越高，即表示测量的结果越一致、稳定。结果显示，α 值都均大于 0.7，因此问卷的信度符合调查要求。

（3）效度检验：在问卷设计后，首先通过 15 位专家进行检验修改，然后对调查对象进行了 2 轮的施测，通过因子分析进行了相关检验，问卷的设计满足调查研究的需要。

（4）问卷发放及回收：问卷共前后发放 2 次，第一次问卷共发放 987 份，回收 936 份，回收问卷的回收率为 94.8%，有效问卷为 919 份，有效率为 98.2%。城市学校发放 626 份，占 63.4%，有效问卷回收 601 份，有效率 96%，其中大学生发放 412 份，有效问卷回收 402 份；高中生发放 115 份，有效回收 106 份，初中 99 份，有效回收 93 份。其中，大学武汉理工大学发放 119 份、长江大学发放 98 份、三峡大学发放 95 份、湖北师范学院发放 100 份；高中武汉市洪山高中 55 份、黄冈中学高中部 29 份、孝感高中 31 分；初中武汉市卓刀泉中学发放 45 份、黄冈中学初中部发放 31 份、孝感市孝南实验中学发放 23 份。农村学校发放 361 份，占 36.6%，回收有效 318 份，有效率 88.1%。其中，高中发放 219 份，回收有效问卷 209 份，初中发放 142 份，回收有效问卷 109 份。其中，高中有浠水县团陂高中发放 87 份，回收有效问卷 83 份；大悟县二中发放 73 份，回收有效问卷 69 份；钟祥市胡集高中发放 59 份，回收有效问卷 57 份。其中，初中有浠水县团陂中学发放 59 份，回收有效问卷 47 份；大悟县丰店中学发放 43 份，回收有效问卷 34 份；钟祥市胡集第一中学发放 40 份，回收有效问卷 28 份。其中，问卷采用城市和农村的层次进行分层抽样，随机进行问卷发放，问卷采用《青少年校园篮球发展的现状及影响因素调查》为题目对青少年学生进行了访问调查，第一次调查区域选择在了湖北省。

第二次问卷共发放 680 份，其中回收 669 份，回收率为 98.4%，剔除问卷 8 份，有效问卷为 661 份，有效率为 98.8%。其中，有效问卷回收大学生 327 份，其中中国地质大学发放 120 份，回收有效问卷 119 份；武汉工程大学发放 100 份，回收有效问卷 99 份；华中师范大学发放 110 份，回收有效问卷 109 份。有效问卷回收高中生共 203 份，其中武汉市洪山高中发放 80 份，回收有效问卷 75 份；武汉市长虹中学高中部发放 60 份，回收有效问卷 55 份；武汉市新洲第一中学发放 50 份，回收有效问卷 46 份；武汉市阳逻高中发放 40 份，回收有效问卷 37 份。有效问卷回收初中生 121 份，其中武汉市鲁巷中学发放 40 份，回收有效问卷37份；武汉市长虹中学初中部发放30份，回收有效问卷28份；武汉市阳逻镇一中发放30份，回收有效问卷27份；武汉市新洲区山店一中发放30份，回收有效问卷29份。第二次选择了武汉市内。按照武汉市的行政区域，按照市辖区进行分层抽样，先对武汉市13个市辖区进行编码，然后随机抽取两个市辖区（洪山区、新洲区），对市辖区的高校、高中、初中进行问卷随机发放。

有效问卷分布如表1－1所示。

表1－1 有效问卷回收情况调查

	大学	高中	初中
人数（第一次）	402	315	202
人数（第二次）	327	203	121

1.3.2.3 专家访谈法

访谈教育部体卫艺司，国家体育总局篮球运动管理中心、青少年司，相关省市教育厅体卫艺司、体育局篮球管理中心及青少处、体育院校管理人员、科研人员、教练员、教师等对本研究的研究思路、内容体系等进行求证和指教，并对我国青少年校园篮球运动发展相关问题进行一对一访谈。2015年5月以在武汉体育学院举行的第6届全国中小学优秀体育教学观摩暨体育器材展示活动为契机，访谈了参会专家。

1.3.2.4 比较研究法

通过文献与问卷所得的数据资料，与国外校园篮球运动发展进行比较，同时对我国与美国、西班牙以及俄罗斯3个篮球强国校园篮球进行比较分析，找出经验与启示。

1.3.2.5 数理统计法

采用SPSS 19.0和Excel 2003对问卷调查所得数据进行统计处理与分析。运用相关的等数理统计方法对样本数据进行统计分析。

1.4 技术路线

研究技术路线图见图1－1。

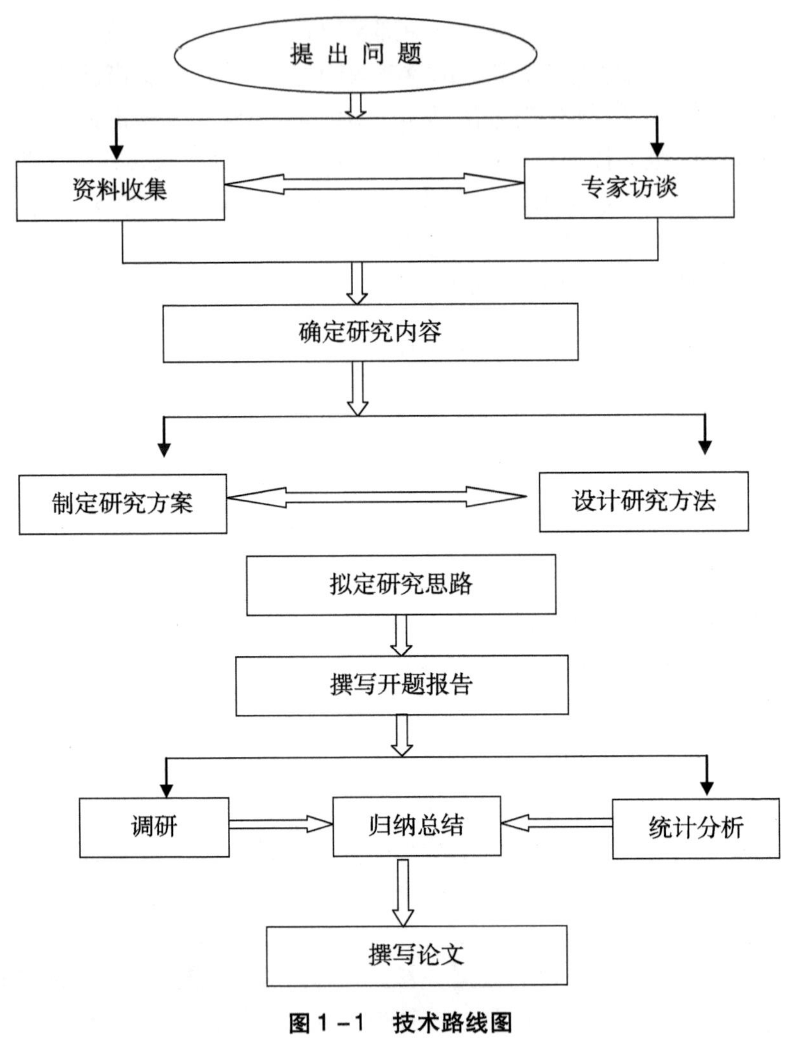

图 1－1　技术路线图

1.5　研究的特色与创新之处

1.5.1　理论创新

突破以往非竞技体育源科学理论，基于“系统论”视角及“制度理论框架”，以中国青少年篮球运动发展动力的“内需—外导”理论，从宏观－微观－宏观，即归纳－演绎－归纳的科学逻辑，系统考察中国社会主义特色双轨制度下的青少年校园篮球驱动力机制，构建描述中国青少年校园篮球发展动力机制的协同多维优化模型。

1.5.2 观点创新

认为既往的单纯计划操控或纯市场操控的校园篮球发展驱动力理论是片面的，必须转到以市场为基础，以计划为杠杆的市场与计划相协调的一体化层面上来，从而使研究与中国的国情更为契合。

1.5.3 手段创新

摒弃传统单纯的校园篮球发展理论的定性理论描述模式，而增加采用系统工程分析法对中国青少年篮球运动发展的动力系统中的各环节要素流动实行全面、系统的数据模拟解析，使本研究实现定性描述与实证研究得以科学结合，研究的有效性、实用性、可推广性更强。

2 相关研究述评

2.1 国内研究现状

2.1.1 校园篮球领域相关研究

2.1.1.1 校园篮球文化研究

该邻域诸多研究者们认为，校园篮球文化是指学校教职员工、学生参与及服务篮球运动的思想、行为活动及制度的总和[1]。

在校园篮球文化概念的导引下有学者对其内涵进行了深入探析，研究者认为，校园篮球文化内涵是以篮球运动为载体在校园内所呈现的一种特定的文化现象和群体文化氛围。校园篮球文化的核心是校园精神；参与根基是校园群体共同价值、心理、行为、向心力、凝聚力、行为；基础内容是快乐、健身篮球；展示位竞技篮球；空间是校园场地；主体是师生[2]。

在基于校园篮球内涵的基础上部分学者对校园篮球文化体系进行了建构分类研究：依教育功能校园篮球文化可分为有形文化（物质文化层面）与无形文化（精神文化层面）；依属性校园篮球文化可分为为物质文化、精神文化和制度文化[3]。

---

〔1〕 蔡煜浩．浅谈高校篮球运动的文化精神及精神内涵［J］．体育时空，2014（14）：21－24.

〔2〕 张旭渝．高校篮球文化对大学生素质教育的影响［D］．桂林：广西师范大学，2009.

〔3〕 曹巾章．高校校园篮球文化研究综述［J］．内江师范学院学报，2009，24（2）：87－90.

篮球文化体系构建理论者随后厘出篮球文化特征。诸多研究者认为，社会性、兼容性、特殊性是其特征的 3 个典型代表，而从层次角度而言研究者将篮球文化特征定位为方向性、高层次性、大众性与多样性 4 个层次[1]。

特征衍生功能。学者们认为，篮球运动的特征衍生出具体的健身功能、教育功能、濡化功能、启智功能、疏导功能、凝聚功能、娱乐功能、观赏功能、竞技功能、商业功能等，并在随着社会不断发展的过程中不断多元化地渗入大众生活中，日益成为人们生活必需的一个重要组构部分[2]。

校园篮球文化建设理论者认为，校园篮球运动的物质设施必须承载一定的文化底蕴，场地布局遵循学校传统与现代相结合、实际需要与整体环境协调统一原则，场地景观要实现实用性与艺术性相结合，同时将办学目标及大学精神相互融合。除此而外，校园篮球文化必须有完善的制度以引发学生的思维模式和行为模式的改变。在完善的制度框架下充分发挥教师的主体性与学生的能动性，打造优秀篮球社团组织，进而组织多维竞赛以推广篮球运动的普及[3]。管理制度建设研究是校园篮球文化建设的制度邻域研究重点，现行研究观点集中于内部管理研究，研究认为校园篮球运动管理是独立型与非独立型的中介，亦即过渡型管理，涉及的学校部门繁多，具有复杂性、多样性。其管理任务千头万绪，科学、有效的管理模式有待深入与探索。特别是高水平篮球队的管理应与教学、群体活动分开独立，扩大自主，完善管理规章制度，依章、依规、依例治队、理队[4]。

篮球品牌赛事是积淀校园篮球文化的重要工具，也是校园篮球运动的主要推力。中国大学生运动会篮球联赛、CUBA 篮球联赛、大学生超级联赛等已成中国篮球运动推进的主要载体，承载着丰富文化内涵、推进学生身体健康、拓展推广校园篮球文化，培养学生的竞争意识、团队精神和意志品质，培养篮球人才等多维重任，在历经多年的发展变革中

---

〔1〕 霍连娟．中美高校篮球文化比较研究［D］．武汉：武汉体育学院，2008.

〔2〕 高朝阳，董宁．新时期建设高校篮球文化的在思考［J］．当代体育科技，2014 (29)：187.

〔3〕 游俊锋．校园篮球文化建设与提高大学生德智体美劳的研究［D］．福州：福建师范大学，2013.

〔4〕 谢珂．高校校园篮球文化的探讨和研究［J］．才智，2009 (14).

已经卓有成效。另有学者依中国五人制足球成功经验提出三人制、四人制小篮球赛事以补充篮球大赛事，丰富校园篮球赛事运动[1]。还有学者自校园篮球文化产业的角度认为，更新思想观念、完善市场机制、加强高素质校园篮球文化产业人才队伍建设、加强法规建设和提高竞赛水平是解决校园文化产业瓶颈的有效举措[2]。

2.1.1.2　校园篮球运动的影响研究

研究认为，目前校园篮球运动发展存在着众多制约因素：从类别看存在着经费短缺、师资水平及专业素质不高、业余训练与文化学习不协调等[3]；而从主客观看，主观因素为学生对篮球运动的认识不深刻、态度不坚定，客观因素为学校的篮球教学开展情况普及度不高及校内外篮球比赛频率低[4]。部分学者从教练员影响角度解析，校园篮球运动存在着训练的科学性不强，缺乏临场指挥经验，技、战术打法单调等问题，教练员专项素质与现代篮球运动发展阶段不相契合。深层次原由在于学校体育教师是既肩负教学又承担训练任务，难以集中精力兼顾二者，最好的方式是体育教师与专职教练员分开管理，各施其责，使篮球教学与训练齐头并进，协力推进校园篮球运动的发展[5]。

2.1.1.3　校园篮球可持续发展研究

近年篮球运动的科学、健康、可持续发展引起专家、学者们的高度重视，研究者从不同视角对其可持续发展进行了多维研究，如强化篮球价值挖掘、加大投入改建校园设施、全力推进篮球文化建设、促进篮球运动群体的价值认同是时下加速学校篮球发展的良好对策，为此必须健全高校篮球运动发展战略；加强篮球课堂教学；推进和完善篮球俱乐部建设，扩大篮球运动的推广；加快校园体育文化建设；加强校园内部和

---

〔1〕 丛驰．校园篮球文化建设对高校篮球教学的影响［J］．当代体育科技，2015，23(3)：21－25.

〔2〕 方武，蒋国勤，郑逢敏．对我国篮球高校文化产业的探讨［J］．内蒙古体育科技，2008 (3)：23－24.

〔3〕 侯景明．营口市中小学校园篮球运动发展的现状及制约因素［J］．辽宁师专学报，2012，14 (3)：73－76.

〔4〕 岳冀阳，王玉瑾．影响我国高校篮球运动开展的主客观因素分析研究［J］．广州体育学院学报，2004，24 (5)：78－80.

〔5〕 崔海明．我国高校篮球教练员研究［J］．体育文化导刊，2010 (5)：112－114.

校校之间的篮球交流与练习[1]。

还有学者认为，影响中国校园篮球运动的核心因素有篮球技战术、师资水平与力量、运动器械与场地、竞赛制度、大众媒体、文化制度；主要因素有篮球职业化进程、后备人才培养、运动员水平、教练员水平、资金投入、科研现状、训练体制；边缘因素为篮球运动基础、职业从业者素质、竞技篮球整体水平、本土明星培育等。由此提出发展中国校园篮球必须改革体制、建立协会、加快职业进程、优化人力资源、完善篮球市场、注入社会资本、构建良性篮球产业资本循环系统[2]。

2.1.1.4 校园篮球联赛研究

研究者认为，校园篮球联赛次级体系应构建为A级（校际赛）、B级（院系赛）、C级（年级赛）和D级（班级赛）4个等级制，力求提高学生参与篮球运动的兴趣和参与面，选拔优秀篮球后备人才，营造校园体育文化氛围，促进校园篮球运动的开展[3]。也有学者提出，大学生俱乐部篮球联赛实现组织形式的创新——以俱乐部为单位跨校组织联赛，理念的创新——将篮球联赛作为素质教育的载体，人才培养方式的创新——将篮球联赛与人才培养相结合，高校体育赛事产业化的创新——以联赛规模化和品牌化建设获取联赛经费的社会化补偿机制，园区体育文化的创新——挖掘篮球赛事的文化内涵、实现共享的园区体育文化，阳光体育联动发展的创新——创造良好的体育氛围、吸引学生热情参与、带动体育社团发展，体育资源共享模式的创新——优势互补、无偿共享，高校运动队训练模式的创新——俱乐部高强度的训练和比赛促进各校篮球水平的提高[4]。

---

〔1〕 庄志彬．高校篮球运动可持续发展研究［J］．长沙铁道学院学报，2014，15（1）：122－123.

〔2〕 张四清．我国篮球运动可持续发展理论研究［D］．开封：河南大学，2015.

〔3〕 郭爱民．高校篮球联赛分等级模式探究［J］．体育世界，2013（5）：33－34.

〔4〕 葛耀，李可可．高教园区大学生俱乐部篮球联赛的创建与实践［J］．北京体育大学学报，2014，37（3）：93－97.

2.1.2 动力机制领域相关研究

2.1.2.1 经济动力机制

该领域的研究观点认为，多元不断增加的生产要素累积投入、日趋攀升的科学技术是中国经济长期稳定增长的核心驱动力。近几十年来中国经济渐趋增长的主导行业是工业与服务业，其空间载体是日益快进的城市化进程，其保障是中国独有的社会主义特色市场体制，其战略发展模式是全球化、世界化、国际化[1]。

2.1.2.2 文化动力机制

现行文化动力机制研究主要集中在流行文化邻域。诸多研究者认为，流行文化形成原因复杂而多元，是内外因素交互作用形成的结果。其政治动力是不断发展的世俗文化；其精神动力是不断与世界文化接轨的国际化、全球化、开放自信文化心态；其思想动力是不断涌入的后现代化文化思潮；其市场动力是与日俱增消费文化的更迭；其社会动力是不断推进的城市化与日趋富足、休闲的生活方式[2]。

中国体育文化动力机制研究者认为，中国体育软实力建设有 3 个基本维度，即体育文化建设、体育观念建设和体育制度建设。3 个维度的建设相互联系、相互区别共同构成中国体育文化动力构建系。塑造先进体育文化，培育优秀的体育价值观念离不开体育价值观的改变，因而体育制度创新进而良性运行时中国体育软实力推进的重点工程。中国体育制度改革必须注重体育事业：全面、科学、可持续发展；公平与效益并进；法律法规健全；结构合理，功能完整；管理科学、高效[3]。

---

〔1〕 沈坤荣，付文林，李子联．中国经济增长的动力机制与发展方式转变［J］．江苏行政学院学报，2011，55（1）：46－54.

〔2〕 孙瑞祥．当代中国流行文化生成机制与传播动力阐释［D］．天津：天津师范大学，2009.

〔3〕 赖勇泉．文化、观念与制度—国家体育软实力理论模型构建与动力机制分析［J］．广州体育学院学报，2011，31（5）：1－5，16.

2.1.2.3 教育动力机制

教育动力机制研究主要集中在区域协作领域。该领域研究者认为，影响教育区域协作效率的主要因素为内驱推动力与外驱推动力及合作阻力。内驱推动力来源于不同区域间的比较差异，各区域自身需求，寻求优劣互补的意愿而形成。外驱推动力来自于国家、社会的政策导向，政治需求，发展计划安排。另外合作阻力也是影响区域协作动力的一个方面，其产生于协作区域双方的利益博弈判断失误、沟通渠道拥堵等多元事件，当内驱动力与外驱动力之和大于全部阻力之和时，区域教育协作就有希望达成〔1〕。

2.1.2.4 政府公共服务动力机制

诸多政府公共服务机制论者认为，中国政府应该培育公共服务精神，确立以人为本的价值取向，切实转变政府职能，改建设性政府为服务型政府，建立合理的责任分担体制，构建以政府为主导、多元化的公共服务供给机制，不断提升公共服务能力，提高公共服务水平〔2〕。

2.1.2.5 体育动力机制

体育方面的动力机制研究主要涉及以下方面。

（1）体育公共服务动力机制

该领域的研究者将传统理论与新公共管理理论相结合，在探究影响全民健身公共服务体系动力机制建设主要因素的基础上，构建政策激励、宣传推广、市场运营、管理创新、融资导向、绩效管理等因素良性互动的动力机制体系，推进全民健身公共服务体系建设，促进全民健身事业持续发展〔3〕。

（2）青少年体育动力机制

该领域的参与动机机制结构主义者认为，随着经济社会的不断发

---

〔1〕 马树强．区域教育合作探析：模式、动力机制、过程模型［J］．国家教育行政学院学报，2010（7）：3－5.

〔2〕 孙晓莉．政府公共服务创新：类型、动力机制及创新失败［J］．中国行政管理，2011（7）：48－49.

〔3〕 张瑞林，王晓芳，王先亮．我国全民健身公共服务体系动力机制研究［J］．上海体育学院学报，2013（1）：19－22.

展，体育运动成为中小学学生日益增长的需求品，也成为社会基本单位与学校必备品，同时成为国家政府培养全面发展、符合现代社会需要的高素质人才的重要工具[1]。因而从校园体育动力传导角度而言，国家、社会、学校、家庭4个层面应联合构建青少年正确的体育价值观，确立良好的利益导向，塑造高尚的体育精神文化，搭建流畅的体育信息流通渠道。而在校园体育动力源开发方面，应捏准个体—家庭—学校—国家需求契合点，形成良好的动力源体系，使学生具备浓厚的终身体育参与意识，在头脑中形成正确的、积极的体育价值观。学校搭建良好的青少年体育运动基地，家庭提供体育运动参与支持，国家给予完善、合理的体育运动参与制度，社会媒体积极宣传体育参与价值、支持青少年体育运动，教育部门切实将学校体育提升到与文化知识同等重要的层面上来，这样中国学校体育才会既有外在的制度、宣传的外在助力、内在的运动需求推力的共同作用下不断推进中国学校体育的健康有序发展。

（3）竞技体育方面

竞技体育动力机制论者认为：中国竞技体育的制度动力源于中国特色的“计划体制与市场经济体制”的双轨共生，全运战略与奥运战略的衍生。其外界环境动力源于不断攀升的综合国家实力、以和平与发展为主线的外交政治路线、以小康和谐为主题的社会举措；其支持动力源于中国不断持续增长的经济因素、不断渗入世界的中国特色社会主义文化、不断深入改革的中国特色社会主义教育。学者们认为，不断加强中国竞技体育动力总容量的重要举措是：继续完善中国特有的竞技体育举国体制，深入改革竞技体育市场，为竞技体育提供良好的制度保障，淡化全运战略与奥运战略中的金牌功利思想主题，凸显竞技体育发展服务社会服务经济的思路；加强竞技体育自身科学法理、法规制度建设，激活内驱动力元素；着力改革完善竞技体育后备人才培养模式，实现金字塔模式、体教结合模式、俱乐部模式多元模式和谐共存于有机结合，使后备人才动力机制高效、优化、科学、可持续[2]。竞技体育层级动力机制理论者认为，中国竞技体育动力系可分支持层、服务层、保障层，

[1] 高泳．我国青少年体育参与动力机制研究—以河南为例［D］．北京：北京体育大学，2013.

[2] 唐建倦．中国竞技体育后备人才培养动力机制研究［J］．体育与科学，2009，30(6)：50－52.

不同层级交错勾连、相互作用、相互推进，有机融合形成合力则推进竞技体育事业快速上升，互相矛盾、跟进不足则竞技体育事业退步。中国竞技体育事业不能仅仅再停留在夺取金牌获取竞赛制胜的简单物质层级上，而应追求通过打造世界级的竞技体育品牌商品，给世界人民提供唯一的其他表演艺术不能提供的视觉盛宴，给全世界人民提供竞技体育艺术的精神食粮，提升全世界人民的精神境界为终极。随着中国综合经济实力的不断上升，其竞技体育动力强劲，但依旧存在着诸多阻力，各项制度的不协调、竞技体育市场的不完善、竞技体育多方代表利益博弈的不能最大化等都成为中国竞技体育前行的障碍，在处理这些矛盾的过程中要解决主要矛盾，协调次要矛盾，在稳定中求发展，在创新中求生存，不断牵引着中国竞技体育事业前行〔1〕。

2.1.2.6 体教结合方面

该邻域代表性的观点之一认为，“体教结合”在发展和完善过程中，人才培养的预期收益递增是变革发生的原动力；经济、社会的发展，不同文化的相互学习、借鉴，是“体教结合”不断发展、完善的重要助力；“体教结合”发展的快慢主要取决于自然演进和政府的推进。建议政府有关部门积极推进“体教结合”的进程〔2〕。

还有学者认为，体教结合人才培养模式是在竞技体育在不断发展变革过程传统的金字塔模式培养弊端日趋凸显的过程中提出的，20 世纪 80 年代初期，基于运动员文化教育问题、文化缺失问题日趋严重逐渐浮水面，致使许多退役运动员就业得不到合理安排，生涯后期生存问题得不到有效解决，极大地削弱了运动员的训练热情，诸多问题日益困扰着中国竞技体育事业，阻碍着中国竞技体育事业的可持续发展。当时的国家体委与国家教育委员会联席发文，将部分竞技体育后备人才培养工作交由教育系统完成，与当时的省市体委联合办队，这些后备人才可代表教育部门完成大学体育组织的各项竞赛任务，同时训练之余大学优越的学习环境与教学资源为运动员提供学习机遇，为他们获取优良的高等教育提供便利，为运动员退役后寻找恰当职业打下坚实基础，实现竞技

〔1〕 苗治文，齐凤，等. 我国竞技体育发展的动力机制研究［J］. 武汉体育学院学报，2011，45（3）：11－13，18.

〔2〕 王长琦. 我国“体教结合”的动力机制及其阶段性特点［J］. 体育与科学，2008，27（6）：19－21.

体育与运动员教育双赢。体教结合的典型例子是清华大学的跳水高水平运动队的成功打造，培养出周吕鑫、熊晴晴、张凯旋等优秀学生运动员，与此同时实行退役优秀运动员复出训练，在学习文化的同时经历科学训练延长运动员的运动寿命，如伏明霞是最为显著的代表，1997 年退役，1999 年进入清华大学跳水队训练，2000 年与郭晶晶联手夺取 3m 板双人跳金牌。体教结合模式是竞技体育模式发展到一定时期的必经路径，是中国竞技体育训练体制改革的重要成果。实行大 - 中 - 小一条龙，教 - 体 - 企三结合不仅给高校培养出德、智、体全面发展的国家级、国际级优秀运动员，更对中国竞技体育体制的深入改革产生深远影响[1]。

另有研究者认为，中国竞技体育事业必须深深根植于良好的学校教育之中，才能长久、健康发展，实现体育与教育的辩证融合，是竞技体育发展的必然，充分实现运动个体发展的自然规律——即内外兼修，使得中国的竞技体育价值从崇尚金牌至上、功利至上转到德艺双修、全面发展的道路上来[2]。

2.1.2.7 农村体育等方面

农村体育动力机制论者认为，文化氛围、乡村文化、文明程度、相关体育制度、价值观念、审美情趣、思维方式、体育产品服务、民俗体育、运动健身、特色运动等构成农村体育发展的动力基本元素，要理顺这些基本元素之间的内在关系，形成正向合力，削减阻力才能构建良好的农村体育发展驱动体系。不断完善健全农村体育需求表达机制，建立良好的农村体育产品供给循环模式，深度挖掘民俗、传统农村体育项目，加大农村体育内需，加快农村公共体育信息平台建色是当前农村体育深入改革的重点[3]。

---

〔1〕 阳艺武，刘同员．“体教结合”与“教体结合”的内涵解读［J］．体育学刊，2009，16（5）：45 -48.

〔2〕 黄桑波，李建国．后奥运时代我国“体教结合”模式调整探析［J］．西安体育学院学报，2009，26（1）：42 -44，95.

〔3〕 樊炳有．农村体育发展的动力机制探讨［J］．武汉体育学院学报，2005，39（11）：20 -23.

2.1.3 校园篮球动力机制研究

2.1.3.1 篮球运行机制

在校园篮球后备人才培养的运行机制方面，学者们认为双轨制下的校园篮球人才培养模式处于夹缝中的两难尴尬运营状态中。基于教育系统及国家体育行政部门在发展思路、协调上、工作目标上存在一定的分歧，基于个体、组织、国家、社会等层面的利益主体的资源把握、利益分配得不到良好的协调，相关体教结合制度、法理、法规制度的不健全，竞技体育篮球市场依旧处于无序竞争状态中。校园篮球市场更是要素零散、整体性不强，从而导致作为校园篮球运动的主要载体即运动员个体全面发展尤为不足，致使篮球运动的多维价值得不到充分彰显，培养体系紊乱、无序，各要素之间关系不能有效的厘清，系统效益达不到最大化。最为典型的是高校 CUBA 联赛，部分学者认为，高校 CUBA 联赛，必须明确为非营利性竞赛，联赛组织为非营利性组织。而现存的联赛存在着诸多困扰问题，如管理机构的混乱、制度残缺、招生缺乏统一的可考量标准、优秀运动员流动受限、资源分配极度不合理等。诸多的矛盾冲突必须通过创新制度、理清决策、强化法规、合理流动、加强协调来渐趋解决〔1〕。

2.1.3.2 篮球动力机制

该领域的研究者认为，高校竞技篮球在实现个人全面发展教育的过程中，具备系统自组织演化的条件，其系统的演化是自组织的；竞争与协同是该系统自组织演化发展的内在动力，系统内部各要素或子系统通过非线性相互作用和涨落机制演化生成序参量——全面发展的竞技篮球后备人才。使 CUBA 和 CUBS 2 个联赛合并，加强教育部门和体育部门的协同，推进高校竞技篮球系统自组织演化发展进程。与此同时，大量注入社会资本，实现投资主体多元化，实现篮球运动举国体制与市场机制的有效融合，拓宽资金来源渠道，改善资金投入困

〔1〕 王晓东，蔡莉，王联聪．由中美大学篮球联赛运行机制比较看 CUBA 可持续发展［J］．西安体育学院学报，2004，21（2）：90－93.

境；协调投入主体之间的关系，厘清各主体的责、权、利，强化科研，实现走出去、请进来政策，提升教练员、运动员文化理论素养，构建科学的管理体系是校园篮球动力系统优化的重要举措〔1〕。还有学者从心理学角度认为，校园篮球的发展应该多从培养学生对篮球运动的兴趣爱好为始点，强化学生学习篮球、参与篮球运动的动机，因而校园布置、校园氛围应设置有浓郁的篮球运动气息，让学生处在篮球运动的包围之中，使学生自动、自觉地加入篮球运动中来，从而促进校园篮球运动的高速发展〔2〕。

2.2 国外研究现状

从国外篮球运动发展来看，尽管各国篮球事业进程不断推进，但基于不同国家社会制度、经济、政治、发展历程具有较大差异，导致其竞技体育发展情况各异。校园篮球发展理论研究在各国竞技体育理论中占有重要地位，随着其不断发展得到了不断的丰富，各国专家学者对校园篮球运动发展方面进行了广泛、深入的探索，为各国的篮球竞技运动做出了应有的贡献，不断丰富着篮球运动理论体系。

Barbara. V在《社区体育的数据表现》一文中指出，现代校园篮球运动发展动力核心是不断注入的资金投入，资金投入渠道应是多元的，单一国家投入会导致运营模式呆板，失去弹性，系统运营效率降低。学校应该确保篮球学生运动员参与篮球活动的各项经费，并提供相应的物质奖励，确保学生运动员的活动参与率，大力提升学校篮球的群众基础，以此不断推进校园篮球的良性发展〔3〕。J. Douglas Toma 在《高校与外部联系的理想工具：校际间的体育运动》一文中认为，大学是学生个人身份的一个重要角色，对外面高水平学校经常进行体育参与，也会是大学获得支持的重要工具。尤其是涉及外部招生、校友关系、社区事务、政府关系的协调发展，通过高校体育的参与，可以推进

〔1〕 范尧，姜立嘉，张守伟．高校竞技篮球系统自组织演化条件与动力研究［J］．北京体育大学学报，2013，36（1）：108－122.

〔2〕 邓政武．中学生参与篮球运动的动力调节系统研究［J］．体育世界：学术版，2009（12）：64－65.

〔3〕 Barbara V，Cindy C，David E．What the Numbers Say about Community Colleges and Athletics［J］．New directions for community colleges，2009，47（10）：5－14.

各项制度的重要发展[1]。

在竞技层面，N. Delorme 在《法国青年篮球运动员相对年龄效应的研究》中指出，对于篮球运动的长期发展来讲，青少年是校园篮球运动的重要组成基础；对于篮球运动来讲，竞技人才的培养是需要在不同年龄段进行区分的，7～12 岁更适合竞技后备人才培育发展[2]。

Stanley Eitzen 认为，青少年校园体育能否达到理想状态在于执政者意愿，以及体育在不同时间阶段在国民经济中、国民生活中所处的地位。因而其动力主要来源于体制的偏好、政策制定者的判断、国民的运动价值观。一切其他文化实体动力特征在青少年校园体育上具有相似性。青少年校园体育动力特征具有阶级霸权性、思想剥夺性、运行原则的强制性，这些特征一定程度上成为青少年体育发展的动力发展标志，但也是禁锢青少年体育运动发展的魔方。因而青少年校园体育动力的改革必须释放权力、还政于民，适度自由发展[3]。Gavin Weedon 认为，移民青少年足球运动员其运动动力与职业生涯成绩与其异域文化适应呈相关性，异域文化适应强、文化相同度高的运动员在运动中有较高动力基础，其持续运动生涯时间较长，并且在未来的运动生涯中有可能创造更好的运动成绩，他们（她们）成为优秀运动员德儿率会更高[4]。Abd. Rahim Mohd 认为，在众多青少年参与体育运动动力机制要素中，社会支持要素、家庭支持要素、同伴支持要素、朋友支持要素、教练员支持要素是至关重要的。这些要素的不断、持久输入是其能否持久参与该项运动并取得优异成绩的重要砝码，因而构建良好的社会心理支持渠道系统，实现畅通持续的心理支持输入，是推进青少年投身体育运动的润滑剂与助推剂[5]。

---

〔1〕 Douglas J. The Collegiate Ideal and the Tools of External Relations: The Uses of High－Profile Intercollegiate Athletics ［J］. New directions for higher education, 1999, 105 (5): 81－90.

〔2〕 Delorme N, Raspaud M. The relative age effect in young French basketball players: a study on the whole population ［J］. Scandinavian journal of medicine and science in sports, 2009, 19 (11): 235－242.

〔3〕 Stanley Eitzen. The Sociology of Amateur Sport: An Overview, International Review for the Soeiology Of Sport, 1989 (2): 95－105.

〔4〕 Gavin Weedon. "Glocal boys": Exploring experiences of acculturation amongst migrant youth footballers in Premier League academies, Inteznatlonal Reviervtbz－ the Sociology afSpnrt, 2011, 11.

〔5〕 Abd. Rahim Mohd. Shariff, Ramlee Mustaph. Social Support Mechanism and Input. Factors on Catharsis Predictors in Sport ［J］. Social and Behavioral Sciences, 2010 (7): 588－591.

综观上述研究，虽然相关理论研究成果丰富、视角各异，在一定程度上揭示了我国竞技篮球整体实力回落的部分原因，但是依旧存在着以下的几个方面不足：（1）宏观整体理论较多，微观操作性研究薄弱：诸多研究倾向于从宏观制度领域剖析中国校园篮球驱动力疲软的原因，使得研究形如空中楼阁，缺乏根基，过于宏观，微观可操作性不强，从而使研究效度得到削弱，研究结果的可推广性与实效性不强。（2）过渡移植国外理论，没有契合中国制度实际：现有研究多数引用青少年篮球运动发展强国成功经验，虽然在一定程度上各国青少年校园篮球运动发展具有一定的共同规律部分，但不同国家教育、社会发展历程有各自不同的特点，中国正处于双轨发展时期，其校园篮球发展动力因素复杂多变，不嵌入中国制度现实，不足以揭示中国校园青少年篮球发展动力困境的最本质一面。再者单纯研究成功的一面，缺乏辩证考量使得研究形而上学。（3）理论过于零散，系统性不强：已有多数研究从单一的青少年校园篮球动力因子出发，如社会因子、制度因子、学校因子等，虽然在一定程度上这些因子的研究能揭示青少年校园篮球发展困惑的部分表浅原因，但不能解决中国校园篮球动力发展中的深层次矛盾，从而使理论显得零散、分割、系统性不强。（4）存在理论研究空白；现有研究涉及中国校园篮球发展动力的研究并不多见，以动力机制为题的深入研究还没有，该领域的研究空间较大。

2.3 相关概念的解析

2.3.1 青少年

青少年，即青年和少年，年轻的男女。青年是指年龄在十六岁到四十五岁之间的人。少年即不几年，古称青年男子，现在指人大约十岁到十五岁这个阶段[1]。是人类会经历的一段青春期，也就是性成熟的过程。无论是国内还是国外的学者，都很难给青少年在年龄上下一个定义。一般而言，青少年定义是指满 13 周岁但不满 19 周岁的人。其青少年特点多为学生，生长发育高峰期。一般是指初、高中生和大学生。

〔1〕 在线汉语字典［EB/OL］. http：//xh. 5156edu. com/html5/360633. html.

青少年是未来祖国建设的接班人。《国家中长期教育改革和发展规划纲要（2010—2020年)》对于新形势下我国青少年教育和体育事业的发展趋势指出，青少年教育改革要坚持以人为本，全面实施素质教育。在青少年培养方面要促进学生的全面发展。而体育工作则是锻炼学生体质、增强学生体魄、意志力的重要手段，因此发展青少年的体育工作是取得青少年身体及心理健康的重要保证〔1〕。

2.3.2 校园篮球运动

校园即指学校内供学习、休息、观赏的园子，亦泛指学校范围内的地面。篮球运动是指用球向悬在高处的球篮进行投准比赛的一项球类运动。篮球竞赛分上下半场（美国职业篮球赛全场比赛为48分钟，分4节进行)，以全场得分多者为胜〔2〕。

校园篮球运动即是指在学校进行的篮球活动。它以校园为空间，以学生和教师参与为主体，以篮球内容为主要内容和运动手段〔3〕。国内校园篮球运动的发展可追溯到1895年，最早是在天津、北京等校园最先开展。但受制于当时的社会条件，并未得到普及和被学生认知。但随着中华人民共和国的成立和中国经济的不断发展，校园篮球运动得到了全面发展。随着CUBA联赛和大超联赛的成立，校园篮球运动发展也达到了崭新的发展时期。

2.3.3 发展的概念及内涵

发展指事物由小到大、由简单到复杂、由低级到高级的变化，也指扩大（组织、规模等)〔4〕。

发展的实质在哲学上是新事物的产生与旧事物的灭亡，是新事物代替旧事物的一个过程。事物发展是指一种连续不断的变化过程，在这个

---

〔1〕 国家中长期教育改革和发展规划纲要（2010—2020年）［EB/OL］. http：//www. china. com. cn/policy/txt/2010 - 03/01/content_ 19492625_ 3. htm，2010.

〔2〕 在线汉语字典［EB/OL］. http：//xh. 5156edu. com/html5/302542. html.

〔3〕 薛海涛，郑爱莲，谢向阳. 关于校园篮球文化的几点思考［J］. 考试周刊，2008(53)：159 - 160.

〔4〕 在线汉语字典［EB/OL］. http：//xh. 5156edu. com/html5/209541. html.

过程中既有量的变化又有质的变化；有正向的变化，也有负向变化。

篮球运动的发展是社会发展的不断选择，即篮球运动经历了各个时期的相对变化，经过一系列循序渐进的过程走到了今天。无论是初期旧社会封建制度之下，还是经历了“文革十年”艰难前进，篮球运动作为体育运动的产物，一直延伸发展到今天。

2.3.4 动力的概念及内涵

动力外显含义亦即一切力量之源，比如人类生存所需的风力、电力、热力等等；内隐含义亦即一切事物发展、前进的推动力量，如人类社会发展的动力因素有经济动力、体制动力、战争动力、求生欲望等等。动力涉及到客观的即显在的可触摸、可预知，潜在的、主观的、看不见但能感觉到或者预期的。动力是促进社会生活进步、事物之间关系和谐、协调事物之间矛盾，使食物顺利发展，由低端走向高端助推〔1〕。依动力显隐看，动力依层次分为物质动力、精神动力、信息动力；依动力的形成看，动力可分为内驱动力与外驱动力；依主次看，动力可分为主要动力与次要动力；依决定事物发展的方式看，动力可分为主导动力与辅导动力。动力在自然与社会发展过程中起调节、协调、均衡、有序、控制速度与节奏的作用〔2〕。

校园篮球动力主要是以青少年学生为参与个体，通过一系列的外力因素对校园篮球起到推动和发展作用。外力因素可包含社会、家庭、校园以及青少年个体等因素。

2.3.5 机制的概念及内涵

机制一词源于希腊文，原指机器的构造和动作原理，现在广泛地用于大量的自然现象与社会现象，指其内部组织和运行变化的规律。其概念本质内涵有两点：一是事物个部分存在是机制存在的前提，因为有各部分的存在就有一个协调各个部分的关系问题；二是协调各部分之间的关系一定是一个具体的运行方式。机制的作用就是以一定的运行方式把

〔1〕 在线汉语字典［EB/OL］. http：//xh. 5156edu. com/html5/203318. html.

〔2〕 张金英. 城乡教育一体化的动力机制及战略研究［D］. 天津：天津大学，2010.

事物的各部分联系起来，使它们协调运行而发挥作用。在任何系统中机制起着基础性作用。理想状态下，有良好的机制，在外部条件不发生变化的情况下，机体能够自动作出反应，调整原定策略与措施，实现目标优化〔1〕。

对校园篮球运动来讲，校园篮球机制可理解为校园篮球的组成结构、功能和相互作用关系。

2.3.6 动力机制的概念及内涵

动力机制原指机器工作原理，后来引用到生物学、医学以及整个自然科学和社会科学之中，泛指系统的内部结构和外部联系各组成部分之间的关系，及其与环境因素的关系，特别是相互作用和影响关系，是系统内部活动及其环境相互作用的规律。动力机制是系统（事物）状态变化的一系列相互传递的动因的整体〔2〕。

本研究主要是从推动校园篮球运动发展的正向动力“管理学机制”来进行探讨，但也同时是从制约我国校园篮球运动发展的因素分析出发的。研究本质落脚于校园篮球动力管理学系统的内在联系、功能及运行原理，包括运行机制、保障机制、激励机制。其中，运行机制是一种保证管理活动有序化、规范化的机制；保障机制是为管理活动提供物质和精神条件的机制；激励机制是调动管理活动主体积极性的一种机制。从机制设计理论来看，实际上保障机制是校园篮球发展动力的制度环境，运行机制是校园篮球运动发展动力的配置制度，激励机制是校园篮球宣传机制。

〔1〕 在线汉语字典［EB/OL］. http：//xh. 5156edu. com/html5/263460. html.

〔2〕 苗治文，齐凤，邵继萍. 我国竞技体育发展的动力机制研究［J］. 武汉体育学院学报，2011，45（3）：11－13.

3 我国青少年校园篮球运动发展的动力机制的理论基础

3.1 系统科学理论

“系统”一词最早源于希腊文，其基本的理论思想最早是由奥地利学者贝塔朗菲提出来的，关于系统一词到现在为止并未有官方统一的权威性定义。但梳理归纳起来系统可以定义为：系统是由一些相互联系、相互制约的若干组织部分结合而成，具有特定功能的有机整合体。首先，系统由若干相互联系的要素组成，这些要素可能是一些个体、元件、零件也或许是一个子系统。其次，系统有一定结构。系统中的各要素相互联系、相互制约，系统各要素间具有相对稳定的关系。最后，系统具备一定的功能，这些功能是在与外在环境相互作用的情况下表现出来的[1]。

对于青少年校园篮球运动的动力机制来讲，机制的构造较之复杂，所牵涉的领域较为广泛，因此必然需要科学的系统理论进行阐述与分析。青少年校园篮球动力机制包含着诸多组构要素，涉及的领域广泛，包含个体、社会、家庭、校园等等，相互之间都有高度的整体性、结构性、相关性、复杂性、动态性、目的性和环境适应性，这些特征与系统特征高度吻合，因此这便需要系统科学的理论知识进行分析与解决。

从系统理论来讲，青少年校园篮球动力机制系统中的个体元素、社会元素、家庭元素、校园元素是整个系统中的核心组构部分，而这 4 个核心组构部分又各自组成低一级系统，自身内部分裂出各自的不同元素

〔1〕 许国志. 系统科学［M］. 上海：上海科技教育出版社，2000.

形成一个相互独立的次级系统，这些次级系统从社会学角度看又客观上在原系统内依一定条件构成一个机制动力结构、机制动力功能、机制动力运营过程的复杂动力机制系[1]。

3.2 共生理论

“共生理论”源于医学中的生存于一定共域环境中真菌生存关系。原始共生理论认为，在生存于同生态环境中的单元，依托环境中介，依一定的模式或者原则生存，共生系统中的元素由共生单元、共生模式、共生环境（图 3－1），三者间互相联系、互相影响、共同维系、共同发展。共生现象是自然界、人类社会的普遍现象。共生的本质是协商与协作，互惠共生是人类社会发展的必然。共生理论不断的发展过程中已不是生物学独有的，在人类社会的任何领域都存在着共生现象，即有存在就必有共生。

单元、模式、环境是共生理论的 3 个最基本元素。单位是核心，没有单位共生也就不存在；模式是关键，是纽带，是组构关系；环境是载体，是共生行为发生的场所。共生是在动态发展变化的，在一定的情况下是暂时稳定的、暂时平衡的，受到外界环境干扰会打破平衡、打破稳定，继而形成新的共生关系，然后周而复始的循环性前进、螺旋式上升[2]。

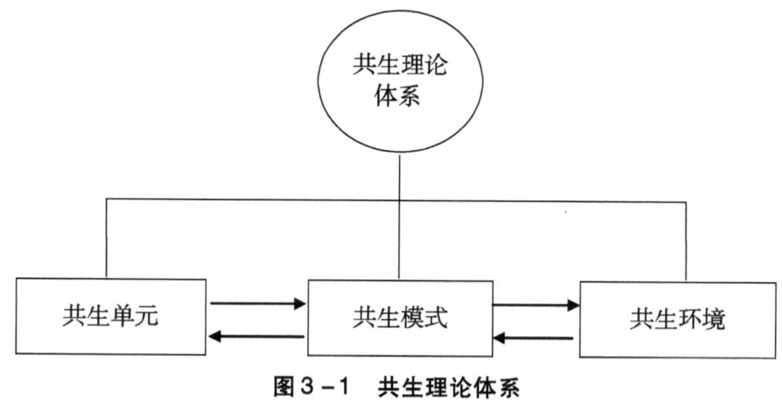

图 3－1　共生理论体系

〔1〕 钟永锋．竞技运动宏观结构比较研究［D］．武汉：武汉体育学院，2009.

〔2〕 李海龙．体育公共服务城乡一体化发展动力机制研究［D］．南京：南京师范大学，2011.

共生理论对青少年校园篮球动力机制来讲有着相关的应用。在校园篮球的动力机制发展过程中，动力机制可包含很多构成要素，这些构成要素关系较之复杂但又相互结合，因此这便需要共生理论进行相应的解析与研究。通常来讲，青少年校园篮球机制从概念进行分析，可包括青少年校园篮球动力机制结构、青少年校园篮球动力机制功能以及动力机制运作过程及原理，这便构成了动力机制的共生单元。另外，校园篮球动力机制发展需要一系列外部机制的共同协作，这主要包括社会动力机制、物质资源保障机制、校园体育动力机制、校园篮球发展绩效以及监测反馈机制等等。各机制之间相互协作形成了一种共生模式。青少年校园篮球的共生环境主要包含一系列的外部条件，如校园篮球发展的文化、制度、硬件设施等等。

3.3　利益相关者理论

利益相关者理论最早出现在社会企业中，是在 1963 年由斯坦福研究所提出并且使用的。利益相关者理论认为，任何一个企业的生存与发展离不开利益相关者的参与与投入，企业追求的是利益相关者的整体利益，而不仅仅是某个主体者单个的利益[1]。其思想追求平衡发展，追求整体利益发展，不只是个人主义的利益。利益相关者涉及的人群广泛、领域较广，除此之外也包含着人类生存环境以及可持续发展的生态等因素。

表 3－1　利益相关者理论在青少年校园篮球中的表达

利益相关者	利益表达
青少年个体	通过物质资源保障、校园体育活动满足个体层次需要
校园家庭	通过社会动力运行、校园体育参与等方式满足校园层次需要
国家社会	通过政治利益导向对校园篮球发展进行调控发展

利益相关者理论在各个社会领域中都受到重视与发展，利益相关者追求最大的利益是带动动力系统发展的根本原因。在青少年校园篮球动力机制发展过程当中，需要相关的物质资源来保证与满足青少年对校园篮球运动进行利益追求，以此满足青少年个体的物质需求。青少年校园

---

〔1〕 弗里曼．战略管理：利益相关者方法［M］．上海：上海译文出版社，2006.

篮球动力机制包含着许多其他的诸因素来共同促进，这也需要利益结构进行共享与应用。在青少年校园篮球运动发展的动力因素中，其利益的发展主要包含着政府、社会、校园及家庭、青少年个体等几个方面。其中，青少年个体是校园篮球发展动力机制的直接受益者。校园篮球通过外界的资源物质保障、社会动力运行、学校体育参与等方式来满足校园层次的需求，推动学校篮球的发展。最后政府社会层面是校园篮球发展的主导因素，通过获取一定的政治利益来对校园篮球运动发展进行合理调控。

3.4 社会运行机制理论

社会运行机制理论源于20世纪80的西方学者弗里曼和纳尔逊的国家创新体系理论，其后经随社会经济发展得到不断的发展与完善。其理论内核为：社会运行机制是指社会运行过程中所遵循的规律或所形成的模式。社会运行机制可分为：（1）社会动力机制：为社会提供适度动力；（2）社会保障机制：保障社会成员的基本生活条件，维护社会运营安全；（3）社会控制机制：维护社会良好的秩序，控制社会运营的方向及速度；（4）社会整合机制：协调社会利益，促使社会个体、社会全体组成有机体；（5）社会激励机制：促使社会成员行为方式与价值观念与社会倡导的趋同（图3-2）。社会运行机制具有如下4特征：（1）稳定性特征：机制受制于规律而服从于规律，规律是稳定的，因而机制在一定范围内也是稳定的、客观的；（2）自组织性特征：机制是事物之间的有机联系、必然联系，机制形成后，各类关系会自发地作用进行各种社会行为纠偏、调整，使其规范到规定范围；（3）整体性特征：机制是一个系统，而系统显著特就是整体性。一个机制是一个相对独立的运作系统，具有系统的固有特征：各种要素由于机制的作用，相互联系、相互影响和相互整合，所形成的整体功能一般而言应大于或优于整合之前单个主体功能简单相加之和；（4）择优性特征：社会机制的最终目的是使要解决的问题得到最优解决。

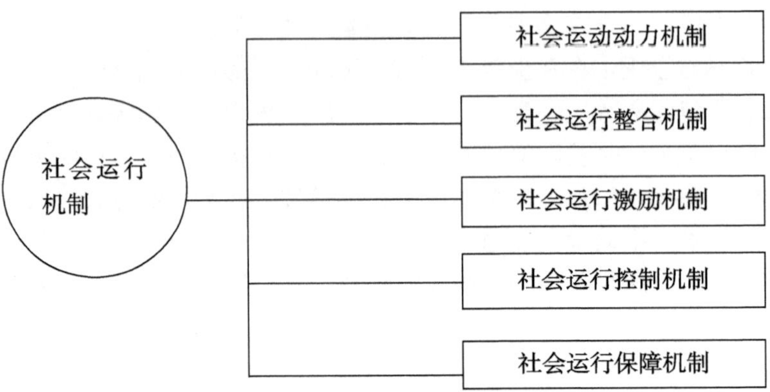

图3-2　社会运行机制体系

本研究也主要是根据社会运行机制中的动力机制进行一系列的研究。根据社会学分析，社会运行动力机制可以分为动力结构、动力源和运作过程手段。动力结构主要是指动力源、动力方向、动力贮存体和社会行动。动力源主要是社会需要，包括生存、发展需要；主观、客观需要；个人、集体集团、社会国家需要。运作过程手段主要是指对动力源头进行相关的开发、转化及其动力方面的监控反馈。根据嫁接理论，青少年校园篮球动力机制在社会运行机制中同样得到应用。但根据其独有的特征，校园篮球动力机制可以划分为校园篮球动力机制结构、动力功能及动力之间作用关系，然后根据其青少年在校园篮球运动中的满足需要进行划分。

4 我国青少年校园运动发展历程及动力困境

4.1 我国青少年校园运动发展历程

篮球运动传入我国已经有 100 多年的历史。随着时代的变迁与发展，篮球运动在不同时期的社会发展中取得了一系列骄人成绩，令国人引以为豪。青少年校园篮球作为竞技篮球运动的发展基础，自从在校园中开展到现在，从初期有限的城市开展，到中华人民共和国成立邀请外国专家在上海体育学院招收首批篮球专选学生，再到 1998 年 CUBA 联赛、2004 年推出以“为梦想而战”为口号的全国大学生 CUBS 联赛，校园篮球的发展经历了许多风雨历程。篮球事业的蒸蒸日上，也曾培养出以姚明、王治郅为代表的享誉海内外的篮球明星。

1895 年，篮球运动由美国基督教青年传教士 Willard. lyon 传入我国。1895 年 12 月 8 日天津基督教会举行了我国第一次篮球比赛的表演，篮球运动便从天津这座城市逐渐向全国各地普及。1914 年篮球运动在中国第二届全运会上被列为正式比赛项目。因为篮球运动特有的趣味性与竞技性，篮球运动逐渐得到了普及与发展，成为大众参与率广泛、喜爱度极高的运动项目。自篮球运动传入中国以来，便在校园中得到了普及和发展。在篮球运动发展的初期，篮球运动便传入到了校园之中。但受制于当时的社会条件，篮球运动也仅仅是在有限的几个城市得到了开展。随着中华人民共和国成立，体育事业得到了飞速发展，篮球运动便在高等学校中得到普及。随后中国历经特殊的非凡变革时期，我国竞技体育事业从学校教育中剥离出来逐渐发展成为军事专用工具，校园篮球也独立于教育系统之外[1]。随着社会、经济的不断发展与变革，篮球运动又回到了校园的怀抱并得以蓬勃发展，梳理总结我国青少年校园篮球运动的发展，大体可以分为以下几个时期。

4.1.1 1895—1949 年

这一时期可以称为中国校园篮球发展的启蒙期。时值欧美国家社会经济取得巨大成就，中国处于封建时代末期，欧美文化强势东袭。在"西学东用"的思潮下，西方体育文化也袭面而来，而篮球运动则是最早传入中国的西方体育运动之一[2]。篮球运动在传入我国后，最初是在天津这座城市的一些教会学校传播并且发展的。而华北地区则是中国开展篮球运动最早的地区。中国篮球运动最早被设为运动项目的时间是1914 年全国第二届运动会上，中国女子篮球则是于 1930 年列为正式比赛项目。这一时期的中国篮球发展相对缓慢，一方面是受制于当时经济制度的落后，另一方面则是处于旧社会封建和战争时期，篮球运动的普及相对狭隘。对于这个时期的校园篮球来讲，亦是如此。但对于篮球这个项目来讲，却因特殊的趣味性受到当时学生的喜爱。篮球运动最初传入学校是在 20 世纪 20 年代左右，受制于篮球运动认识的程度较低，在这个时期篮球运动在校园认识是较为浅薄的。例如，张宝琛在学校是否应该废止兵操的论文中阐述其观点：根据人体生理学规律，西方体育运动形式没有特别的规定，蹴鞠、赛跑、跳跃这类运动主要使用下肢，篮球投掷运动则使用上肢，应该说都是一些普通运动，没有什么特别之处[3]。由此可见，当时的篮球运动在校园开展情况来看开展情况并不乐观。另外，基于当时我国经济制度的落后，篮球运动的发展又需要一定的场地和器材，因此篮球运动并未在校园得到重视发展。到了 20 世纪 20 年代后期，篮球运动逐渐在学校得到流行发展，在不少的大学学府里都建立了校篮球队，各级的篮球组织也逐渐建立。而到了 20 世纪

[1] 岳冀阳，王玉瑾．影响我国高校篮球运动开展的主客观因素分析研究［J］．广州体育学院学报，2004，24（5）：78－80.

[2] 陈庆熙，陈荔妮．中国篮球百年历史回顾［J］．吉林师范大学学报：自然科学版，2009（2）：151－154.

[3] 全国体总文史资料编审委员会．中国近代体育文选［M］．北京：人民体育出版社，1992.

30 年代后，校园也逐渐建立起了女子篮球队。在有的中小学，篮球运动也开始得以发展。而进入抗战时期，篮球运动因为城市的毁坏而遭到了停滞，但必须指出的是，篮球运动在一些抗战根据地却因锻炼战士体质的需要而得以开展。这包括一些军事学校等场所。

4.1.2 1949 年中华人民共和国成立至 1995 年

这一时期可以称为中国篮球的发展期。中华人民共和国成立以后，国家政府为了增强人民体质水平和体育事业的发展，对体育工作进行了大量安排。同时，随着社会经济的逐渐改善，篮球运动迅速在全国进行传播和发展，国家政府对此也逐渐形成了一系列的制度和要求。这个时期篮球的发展也基于国情出发，逐渐借鉴“苏联模式”进行国外先进理念的学习，同时积极邀请了苏联相关篮球专家来我国讲学指导，篮球运动的发展逐渐先进化和科学化。而这个时期我国篮球的发展确实走进了世界先进行列。在该段时期的一系列国家参与的比赛中，中国相继战胜欧洲强国如匈牙利、波兰、保加利亚等国家。与此同时，篮球运动在学校的发展中也得到了较大提升。

校园篮球在这个时期得到了有效普及发展。20 世纪 60 年代以后，原国家教委将球类游戏纳入大纲，与此同时中学大纲中也加入了篮球项目，至此篮球运动作为学校体育教育内容得到了明确的认定[1]。另外在篮球发展上，校园篮球也扮演了特殊角色。1949 年世界第 10 届大学生运动会在匈牙利进行，我国派出了第一支大学生男子篮球队，在预赛中获得第四，决赛中第六的良好成绩。应当指出，当时大学生篮球队代表了中国竞技篮球发展的最高水平，由此可见校园篮球在当时的重要性。在 20 世纪 50 年代，国家政府针对校园篮球邀请了许多国外篮球专家，在上海体育学院招收了首批篮球选项的研究班，使校园篮球上升到竞技篮球的层面上进行培养。

1966—1976 年的“十年文革”时期，是青少年校园篮球发展的缓慢期，即艰难开展期，这一时期受制于“文化大革命”的影响，教育部门等机构基本处于瘫痪，校园更是停止上课招生，因此校园篮球基本

---

〔1〕 王家宏，陈新，于振峰，王鑫庆．新中国学校篮球运动的发展历程［J］．体育学刊，2004，11（1）：113－116.

是属于停止工作。到了1970年，部分校园恢复上课，这包括地区学校、体育院校、大学体育等。1972年国家教委召开全国青少年业校座谈会，会议汇报内容显示，中国大部分县级以上地区建有青少年业余体校或相当业校的体育训练点或者基地，校园篮球运动逐渐恢复，但相关训练及比赛仅限于省会城市、地区中心的大中小学开展，农村中小学及与贫乏的场地、低劣的师资，篮球活动的发展与推进依旧极其缓慢，近乎为零。在随后的“反击右倾翻案风”中，校园篮球的发展又遇到了挫折与障碍。因此综合来讲，校园篮球的发展在这10年显得缓慢而艰难。

在20世纪70年代中后期，中国恢复了在联合国的合法地位，篮球运动也得到了世界篮联组织的认可。在国内政治方面也随着“文革”的结束，校园篮球得到了快速发展。这首先是政府的政策制度的颁布为青少年校园篮球提供了有效支撑与保障。1979年，国家颁布《全国体育运动竞赛制度》，制度将篮球作确立为我国竞技体育运动重点发展项目。这对我国篮球运动事业的长期发展、培养篮球运动接班人奠定了基础。其次，则是校园篮球的训练、竞赛等各方面都得到了规范化发展。这个时期，国家政府部门积极投入，建立了一系列的青少年校园篮球培训基地，培养优秀教练员，为篮球发展提供了保障。另外，自1987起部分大学开始招收高水平运动员，这便为校园篮球培养竞技运动员提供了基础。随着之后1985年和1990年大学生篮球联合会、大学生篮球协会的相继成立，校园篮球发展更加规范化、制度化。[1]

4.1.3　1996年至今

随着改革开放的不断深入和发展，我国经济实力的增强也促进了竞技体育的最大化推进。1997年，我国专门成立了篮球运动管理中心，设立了相关的职能部门，建立了一系列完善的管理制度。并针对篮球事业运动的长期发展，如竞技运动训练、后备人才培养、篮球教练员培训、裁判员等方面制订了切实可行的法规文件。这一时期我国男、女篮球运动的竞赛水平虽偶尔有起伏，但总体来讲，在亚洲国家一直处于霸主的地位。而学校篮球的发展也是得到了创新与改革。

---

〔1〕 新中国学校篮球活动发展历程［EB/OL］. http://sports. sina. com. cn/k/2005 - 12 - 07/03001921305. shtml.

校园篮球运动在这个时期被称为改革创新期。1998 年，我国大学生体育协会组织推出了 CUBA 联赛，旨在“发展高校篮球，培养篮球人才”，同时为中国篮球的后备人才奠定基础。2004 年又推出以“为梦想而战”为口号的全国大学生 CUBS 联赛，即大超联赛。各类形式的校园篮球赛事相继开展，这无疑为青少年校园篮球的发展提供了崭新的开端。

随着市场经济的不断推进和创新，人们的物质生活也得到了不断加强和提升，体育产业化不断加强，21 世纪以来人类在追求物质生活的同时也更加注重精神文化。篮球运动具有大量的群众性基础，因此校园篮球也是得到了质的提升。在教育方面，大学篮球作为选修课程也普及到了各个高校之中，因此在崭新的形势下，校园篮球在现阶段已是开创了美好前景及广阔的发展空间。

4.2 我国青少年校园篮球运动发展的动力困境

目前我国青少年校园篮球的发展处在一个什么样的位置，现实中校园篮球是否能够满足竞技篮球运动的发展要求，这需要我们在社会中不断审视与检验。如果校园篮球运动的发展处于一个理想化的状态，那么我们也仅需对目前校园篮球运动的发展进行维持就好。但如果目前校园篮球运动的现状并不能满足于当前竞技篮球发展的需要，那么则要对当前的困境进行系统性分析，探寻制约事物发展的原因。根据马克思哲学原理—事物发展的根本规律，我们认识到，事物的发展变化都是新事物对旧事物的否定，事物总是向前变化发展的，这对青少年校园篮球运动来讲，也是同样如此。事物不能一直保持理想化和完美状态，但不能否认青少年校园篮球运动也是在不断发展中前进。探讨发展中存在的问题，是分析和解决校园篮球发展的实质性因素。

4.2.1 动力源发生错位

青少年校园篮球运动的发展过程在宏观层次、中观层次及微观层次 3 个方面因素的共同制约，因此其动力源可指社会、校园、家庭及青少年个体 4 个层面。其 4 个层面在校园发展方面都有其不同的需要，但当这种需要共同推动校园篮球运动的发展时，便形成共同交汇点，但也存在一系列的问题发生。例如，当今社会发展的背景下，应试教育依旧作为社会主导，因此在社会层面，便会对校园篮球缺乏关注度，缺少相应的资源保障，而学校层面更是会以提升中小学的升学率为由，忽视篮球运动在校园开展的价值因素。家庭层面则是会树立孩子的学习观念，在课余时间进行一系列的辅导班、补习班的学习。而最终青少年个体以学习为缘由，忽视自身篮球运动的各种兴趣和发展，这也致使青少年个体的动力被压抑。综上来讲，这一系列问题的本质便是在于4个层面的动力之源发生错位，从而最终导致校园篮球运动发展不足。

4.2.2 动力转化方面存在不足

青少年校园篮球运动的发展，必然最终要落实到最终的行动中。这便是要将青少年对篮球的潜在行为转化到切实的篮球运动中。篮球运动本身便是青少年增强体质、加强团队合作意识的有效手段，青少年本身从篮球运动项目中能够得到满足和乐趣，但是这种理想状态的发展模式却受到2方面的制约，一方面便是动力源头的错位和动力自身的转化方面不足；另一方面则是受制于多维方面的制约，主要在于教育、家庭、社会以及青少年个体的不足。我们通过一系列的访谈，具体可概述如下。

4.2.2.1 我国青少年校园篮球教育因素方面的动力不足

教育就是一种系统地、有计划地、有组织地、有目的地传授技术规范与知识的社会活动过程[1]。其本质主要在于依据国家、社会的需求，在遵循其自然身体发展规律的基础上，将青少年、儿童培养成为博学多才、信仰崇高、技艺精湛、诚实守法的综合素质人才，为社会创造物质与精神财富。在青少年时期，受教育的重要性不言而喻，在青少年时期只有做好了教育，孩子们才能向理想、健康的方向发展，所以说教育因素也是最重要的因素之一。通过对政府、学校教育部门的访谈中得知，校园篮球运动的发展在学校教育中的分量还不明显，导致校园篮球的发展受到了一定的限制。下面结合访谈就学校教育因素方面的相关问题进行分析。

（1）我国青少年校园篮球文化宣传的缺失

校园篮球文化是指学校教职员工、学生参与及服务篮球运动的思

---

〔1〕 在线汉语词典［EB/OL］. http：//xh. 5156edu. com/html5/z79m52j275065. html.

想、行为活动及制度的总和[1]。校园篮球文化内涵是以篮球运动为载体在校园内所呈现的一种特定的文化现象和群体文化氛围。校园篮球文化的核心是校园精神；参与根基是校园群体共同价值、心理、行为、向心力、凝聚力、行为；基础内容是快乐、健身篮球；展示为竞技篮球；空间是校园场地；主体是师生[2]。

针对篮球文化，不难发现，在我们身边是极度缺失的。在中小学学习的过程中，在学校里除了文化课的学习外，对体育课中篮球文化的宣传可谓是零的概念，从未有过这方面的宣传和教育，导致了一系列篮球活动和与篮球相关的事件难以开展，导致在我国青少年学生缺乏对篮球运动的深入了解和认知。在青少年校园时期，正是成长发育的重要时期，是青少年身体和思想全力汲取文化和思想的时期，此阶段对其后续生存、发展起着极为重要的奠基性作用。校园篮球文化是校园特有的一类文化现象及群体氛围的融合，它对处在其中的个体的教育起着潜移默化的作用，对个体行为方式、价值观等起着一定的导向作用，使得群体在一定环境中或某种程度上形成共同的思想、行为、价值评定，从而将不同的个体内聚成具有一定秩序的共同体。青少年是国家未来的期望，由此可见篮球文化在青少年校园篮球运动中无可替代的地位，并且篮球文化对篮球运动有着举足轻重的影响。

篮球文化对篮球的可持续发展和多样性发展做出了巨大贡献，这明显体现在以下方面，即为篮球技战术风格方面、后备人才培养方面和商业运作。以篮球强国的美国为例，（1）在技术风格方面，美国运动员强调自我个性的宣扬，注重对篮球舞台的把控与技术展示，将篮球运动及竞赛作为实现个人价值的中介注重个性展示[3]。在美国队员“变态”的身体素质、激烈的对抗强度和让人眼花缭乱的运球下，形成了美国特点的攻击方式——“在进攻端，以个人单打为前提的机动配合；在防守端，以强大的防守压力为前提的快攻反击。”在进攻和防守追求简单高效、机动灵活，常常在进攻中出现精妙的传球和扣篮配合，形成了

---

〔1〕 蔡煜浩．浅谈高校篮球运动的文化精神及精神内涵［J］．体育时空，2014（14）：21－24.

〔2〕 张旭渝．高校篮球文化对大学生素质教育的影响［J］．广西师范大学［D］．桂林：广西师范大学，2009.

〔3〕 严精华，潘宁，王小安．中美篮球文化比较［J］．体育文化导刊，2004（10）：49－50.

篮球观众心中的美国篮球风格。当然这同样是校园篮球中美国对青少年篮球所传播的篮球观念。反观我国，篮球文化的宣传明显不足。虽然我们篮球文化的发展有着自己的不足，但是仍然有着优秀的篮球文化没有得到好的了解和宣传，从外在表现我们就可以看出，在我国的青少年篮球教学中，篮球理论知识和风格培养缺失。外在表现在我国从以前以“小、快、灵”为主的技战术风格并没有得到较好的继承和创新，而近些年为了快速取得较好的大赛成绩，变成了“高大化”的风格，并且没有收到较好的效果，这同样是青少年在接受篮球教育时的盲区。同样对于技术而言，我国篮球技术动作发展遇到瓶颈，较少的得分方式同样也是限制我国篮球水平进步的重要原因之一。在我国，崇尚团体篮球，与美国的个人主义不同，这在一定程度上限制了个人技术的提升。在激烈对抗的篮球比赛中可以发现，我国篮球运动员的得分方式是较为单纯固定的运球突破、接球投篮等基础的篮球得分方式，更多地依靠团体来寻求较好的得分机会，而像运球急停跳投、抛投、高打板等难度较高的得分方式在中国球员中很少有人使用。这无疑限制了运动员个人水平的提升，限制了一个队的整体攻击力。（2）在后备人才培养方面，美国篮球更是具有很强的篮球文化，无论是从浓烈的街球文化和校园篮球培养机制，都让美国学生从小接触到了美国篮球文化的魅力。在美国街头，你可以很容易看到篮球活动的进行，在这其中就存在着许多优秀的篮球后备人才，许多优秀的NBA球员都曾经是受过街球文化的影响，才让他们篮球技术动作更加富有观赏性。并且单一的培养道路给美国篮球人才提供了较大的篮球青少年校园篮球人口基数，为美国篮坛的霸主地位不断注入动力，并且在美国的人才培养链中，中小学期间的基本功训练，高中阶段的全面文化和技战术提高等这些在摸索中慢慢形成了属于美国自己后备人才的篮球文化，这也对美国后备人才培养方式起到了参考和修正的作用。（3）在商业运作方面。以中国大学生篮球联赛与美国大学生联赛相比较为例，美国大学生篮球联赛能有如此大的影响力，它不仅有着广大的群众基础，还有着巨大的市场前景。在专业人士对它的加工和包装下，它可以符合商业性和娱乐性的规律，可以刺激自身的发展和扩展其自身发展的规模。并且在美国，在中小学就接受了美国篮球文化的教育，并在之后学校的教育中一直没有间断，美国高校人才篮球水平变得更加有影响力。在美国，大学生篮球联赛的经费来源是国家拨款、电视转播、球赛门票、广告商赞助、校友赞助等，由于美国大学生篮球联赛水平较高，吸引着较多的体育用品及其他公司对他们进行赞助和投资，让其能够有资金能够支持学校球队的正常运行。在中国大学生篮球赛中，以 CBA 和 CUBA 为例，由于大学生联赛与职业篮球之间的衔接不够理想，较多的商业投资得到的回报微乎其微，如赞助商李宁近些年来在赞助高校篮球部分处于亏损状态，这与篮球文化在青少年校园篮球中的宣传和培养有着密不可分的关系。

（2）国家青少年篮球人才培养中“体育”与“教育”未能较好地结合

19 世纪 60 年代，在“举国体制”政策优势下，中国形成了业余体校——省市专业队——国家队的自成体系、体教分离的竞技体育人才培养模式。这种培养模式在初期取得了一定的效果。此培养模式对国家来说短期内具有投资小、高效率的优势，但它将体育从教育的大环境里分离了出来，并且错误地理解了体育的本质，剥夺了在学校里篮球人才的发展机会。对我国当时刚刚参加奥运会时期来说，这的确是较为有效的手段，但随着我国综合国力的不断提升，渐渐认识到此种培养方式的弊端。

我国青少年篮球培养人才的主要方式有 2 种：第一种，就是前面所述的业余体校和省队的培养；第二种，就是青少年校园篮球的培养。世界上运营最好的 NBA 联赛之所以能够走到今天至高无上的顶峰，其核心原因之一是 NCAA 为其提供了一个持续不断的、优质的篮球后备人才源，使得 NBA 生生不息，循环往前。如今 NBA 联盟 30 支球队的 450 名球员，至少有 90% 都是由 NCAA 输送而来，如杜兰特、韦德、安东尼等当红 NBA 球星都是通过 NCAA 走上了职业篮球的道路〔1〕。但是我们不难发现，现如今出现在 CBA 赛场的 CUBA 球员屈指可数，打出名的球员更加是少之又少。有数据表明，CBA 球员中来自 CUBA 或 CUBA 的球员数还不到 1%，大部分 CBA 球员均来自各个省队、青年队。

CUBA 和 CUBS 的球员代表着中国大学生篮球联赛的最高水平，但通过了解得知，在我国各大高校中 CUBA 和 CUBS 的球队成员的选拔大多是通过体育特招招入高校篮球队，他们以前都是各个体校及省青年队培养出来的相对具有较高水平的青少年运动员，在他们较早的训练时

〔1〕 李文武. 重庆时报：CUBA 为何成不了 CBA 的人才库［EB/OL］. http：//www. fjsen. com/p/2013 - 01/14/content_ 10358228. htm，2013.

期，都是通过业余体育学校的专业训练来提升自己的水平，他们从小在受教育方面与正常全日制学校有着较大的差别，他们牺牲了从小学习文化课的一大部分时间来进行体育训练，以期能够完成自己潜力的充分挖掘和技术水平的精雕细琢。归根结底，这些在大学联赛培养出来的篮球运动员更多的只是大学期间接受了一部分教育，而在中小学期间并未接受到与全日制正常文化学校相近程度的教育，但学校为了取得较好的联赛成绩，又不得不招收特招生。这一部分学生的相对高水平导致高考进入高校的学生未能进入校队参加联赛，消磨了他们对篮球的激情，打击了他们的积极性。竞技体育毕竟是个“金字塔”，越往上越难，在大学联赛中培养出来的这些 CUBA 和 CUBS 的优秀球员并不能够各个都进入到职业篮球的殿堂，竞技是残酷的，在竞技中淘汰下来的若干球员的后半生是煎熬的。由于大部分学生篮球运动员均是特招进入高校的，他们的文化基础较为薄弱，加之以前在业余体校和社会上形成的不良习惯，即使进入了大学他们也未能接受大学的良好教育。在大学毕业后很多运动员又没有较好的立命安身的文化底蕴，导致他们在就业前景方面有很大的劣势。这是一个恶性循环，他们未能良好发展，给了校园篮球的年轻人篮球发展梦想道路上的不理想示范。同样，减少了正常考入学校读书的学生参加篮球联赛的机会和享受大学较为专业的篮球训练的机会。

随着社会经济的不断发展，社会上越来越多的职业对 21 世纪现代化人们综合素质的要求越来越高，尤其是文化素质。在现在数字化、信息化时代，许多家长也认识到了文化素质对孩子全面发展的重要性，所以业余体校培养人才的方式也明显受到了很大挑战。中国竞技体育在自身发展过程中各类矛盾不断凸显，后备人才培养模式与不断深入改革的体制现实及人们不断变更的价值观不再契合完美，使得传统的举国体制下的金字塔底端的业余体校，特别是少儿体校的运营受到了巨大挑战，急剧萎缩。1990—2000 年 10 年间减少 27. 34 个百分点，由原来的 3678 所减至 2679 所，随后 10 年到 2010 年为止仅剩 2112 所，又减 19. 41 个百分点，仅过 2 年后的 2012 年萎缩至 1107 所，减少 47. 59 个百分点，20 余年间少儿体校减少总数达 2571 所，少儿体校培养系统几乎名存实亡[1]。而从体育运动学校的运营状况看，基于其内设项目众多、投入

---

[1] 郭建军. 加强青少年体育工作，培养优秀竞技后备人才 [J]. 北京体育大学学报，2014，37 (34)：1 -9.

要求非常高且浪费巨大，项目成长周期长，效益尤为低下，因而许多体育运动学校不堪重负，仅靠国家投入的模式难以为继，致使体育运动学校在21世纪的前10年急剧减少，部分项目萎缩严重。其中10年间田径从训人员减少一半，篮球更为严重，三线队伍由1980年的50529人下降到1993年的30196人，而到2004年三线人员仅剩20000人不到〔1〕。最新研究显示，中国篮协注册的一线运动员为672名，二线运动员位1551名，三线运动员为323名，三线队伍中没有女运动员，人才梯队的数量结构与质量在一定程度上表现出不科学与下滑趋势出〔2〕。在我国培养人才的主要通道上出现了严重萎缩，这无疑对我国篮球造成了很大的潜在问题。我们不得不反思我国在后备人才培养方式上面存在的问题，未能与教育结合好的体育，在如今的新世纪很难生存。在美国就不同，美国运动员有较高的文化素质，NCAA选秀时必须通过正常的考试进入大学，并且在大学期间，学生运动员若有文化课的挂科或不达标现象，一律取消参加NCAA的资格，所以在美国大学生中的学生运动员不仅有较好的篮球素养同样有着很高的文化素养，正如我们所熟知的华裔球星林书豪，他毕业于美国哈佛大学金融专业，世界超一流的学府。我们不难得知，就算林书豪未能进入NBA打球，以他自身的学历和能力他同样可以进入一流的工作单位。现如今，不仅业余体校等学生不断萎缩，就连普通中小学中较多的课外篮球运动都受到了家长们的限制，所以在此大趋势下，校园篮球难以得到理想的发展。

（3）校园篮球培养方案与社会人才需求有较大差距

在2015年5月20日，中国篮协公布《港澳台球员、大学生球员等参加CBA联赛实行统一选秀》试行办法，这意味着CBA首届选秀大会将于2015年夏季正式启动，训练营暨选秀大会时间为2015年7月24日至28日，其中选秀大会于7月28日举行。选秀试行办法规定：参加者必须年龄达到18周岁，且未参加过CBA联赛。境内在读大学生，必须有参加CUBA或大超联赛的经历（由所在学校体育部门和中国大学生体育协会出具证明）。境外就读的中国籍大学生必须有参加过就读地高水平大学篮球联赛的经历（由所在学校体育部门出具证明）。港、澳、

〔1〕刘玉林，白喜林．从篮球后备力量看我国的篮球运动水平［J］．中国体育科技，1998，1（8）：30.

〔2〕黄优强，周武．对中国男篮后备人才培养模式的审视［J］．北京体育大学学报，2014，37（4）：133－139.

台球员须参加过所在地区最高水平的联赛（由所在地区篮球协会出具证明）。除港澳台大学生之外的其他球员，须由 CBA 俱乐部出具推荐函[1]。在历史第一届选秀大会上有 20 名学生球员报名，其中大学生球员 17 名，香港球员 1 名，CBA 俱乐部推荐球员 1 名，体育学院推荐 1 名。名单如表 4－1。

表 4－1　CBA 第一届选秀大会球员名单

序号	姓名	申请类别	出生日期	身高/cm	体重/kg	就读大学
1	冯圣森	大学球员	1992. 8. 16	188	75	北京工业大学
2	关通	大学球员	1992. 8. 14	193	95	华中科技大学
3	李军	大学球员	1992. 8. 1	194	90	山东科技大学
4	李文峻	大学球员	1992. 3. 22	175	70	武汉理工大学
5	刘鸿博	大学球员	1993. 4. 6	188	78	北京大学大学
6	曹芳	大学球员	1993. 12. 9	178	72	北京工业大学
7	陈佳贺	大学球员	1989. 9. 20	190	89	华中师范大学
8	贾天尘	大学球员	1992. 7. 22	189	88	西安交通大学
9	陈德东	大学球员	1993. 11. 27	205	135	电子科技大学
10	袁畅	大学球员	1993. 2. 23	188	90	中国矿业大学
11	乔文翰	大学球员	1991. 7. 12	196	92	天津大学
12	朱春强	大学球员	1990. 8. 12	198	91	华东交通大学
13	王鑫	大学球员	1991. 7. 4	199	105	苏州大学
14	王宇	大学球员	1992. 9. 23	205	130	华中科技大学
15	王之风	大学球员	1992. 7. 12	184	68	苏州大学
16	杨健翻	大学球员	1993. 9. 8	204	100	山东大学
17	方君磊	大学球员	1992. 8. 3	183	70	西北工业大学
18	陈兆荣	香港球员	1992. 4. 26	182	78	香港城市大学
19	王强	俱乐部推荐	1995. 5. 13	185	75	华南理工大学
20	邵埃菲	体院推荐	1993. 7. 15	176	72	上海体育学院

[1] CBA 联赛选秀“状元”最低保障工资 30 万元 [EB/OL]. http://news. xinhuanet. com/sports/2015－05/20/c_ 127822235. htm, 2015.

在此名单中，我们不难看到在 CUBA 或 CUBS 赛场中各个优秀队伍中的优秀队员，他们在自己学校的校队中都发挥着很重要的作用，而且都是久战球场的“老将”，其中也不乏呼声很高的一些天赋球员。但是经过 CBA 的 3 天训练营时间以及选秀过程，结果却不是令人满意。2015 年 7 月 24 日，选秀训练营中有 2 名球员退出，一名球员未能前来。当天训练营 4 项体测中，17 名选秀球员的成绩不甚理想。在进行的 CBA 体测标准的 2min 强度投篮与折返跑测试中，折返跑测试无人能够及格，折返跑难倒了大多数大学生球员。以速度耐力测试为例，CBA 的标准是，身高 1.95m 以下的球员 62s 达标，1.95m ~ 2.05m 的球员 64s 达标，2.05m 以上的球员 66s 达标，但大学生球员的普遍测试成绩，都与标准差得很远。当天没有一名球员的成绩进入 1min 之内。在卧推负重和深蹲负重测试中，在卧推负重和深蹲负重测试中，20 名选秀球员再度掉队。以卧推负重为例，参照 2014 年 CBA 体测标准，应试运动员必须在 1:40 内完成标准为 80kg 的规定杠铃负重卧推，然后依据标准计算其考核成绩，成绩计算公式为：卧推重量系数 = （80kg × 蹲起次数）/体重。以体重 90kg 为测试线，设置个人综合得分线，运动员必须超过个人综合得分线，最后以卧推重量体重系数 13（90kg 以上为 14）为合格 92 分，系数达到 21（90kg 以上 22）为满分，深蹲负重标准同上。在最后 17 名选秀球员的卧推测试结果中，有 9 人未过及格线，及格率低于五成[1]。“在我们当时这个年龄，都是能蹦能跳的”，前中国男篮名宿单涛是此次选秀教练组的成员之一，从他的话语中听出了“不满意”。在选秀中较为知名的球员在选秀后也参加了一些俱乐部的试训，毕业于北京工业大学的曹芳来到了东莞队试训。此前他也曾参加广厦队的试训安排，并参与到球队训练的对抗，但广厦方面似乎并不太满意。他们的主帅李春江更是一针见血，直接点出了曹芳在对抗上的软肋。王宇、李军、乔文瀚等几名热门球员都没有收到任何俱乐部的试训邀请。在此次选秀中我们可以明显发现教育机制中学校培养出的篮球后备人才与现行职业篮球所需要的人才是有较大的差距。在 CUBA 中，我们针对 CUBA 队员毕业后工作去向的想法做了调查研究，从表 4 - 2 中可以看出运动员想从事篮球相关工作的占 18.30%，选择进入高水平职业队的

---

〔1〕 体测全不及格！CBA 初次选秀遇尴尬，球员多已找到工作［EB/OL］. http://sports.163.com/special/anglezero/cbadraft.html，2015.

只有1.50%，从事体育教育相关工作的占62%，其他占18.20%。我们不难看出，继续从事篮球深造的人少之又少，大部分学生运动员进入学校的目的是获取大学文凭，多数在其毕业以后并没有选择与篮球运动相关或者相近的工作，这与招收CUBA运动员的高等学校的最初实际目的是相当不契合的，并没有给校园篮球运动得发展及中国篮球竞技体育事业的拓展升级带来较大的帮助[1]。同时这种不良的想法同样会充斥在运动员所有的比赛和训练中。这样如何能取得成绩，培养出高水平的运动员。

表4-2　学生篮球运动员学校毕业后的去向

	高水平职业队	从事体育相关工作	从事篮球相关工作	其他
比例/%	1.50	62.00	18.30	18.20

我们有较深刻的体会，在中小学时我们较多地重视篮球技术的培养，在中小学中教练员更多地教授我们技术动作。但是我们都有深刻的体会，到了大学时期，单一的技术流并不能满足大学篮球的要求，在大学中，一个技术和速度不如你但在身体力量方面却有优势，在与这样的对手对抗中，我们仍然落于下风。当我们在大学意识到对抗性不足时，已经为时已晚，这时已经渐渐造就了与职业篮球的差距。随着大学生联赛培养出来的人才难以被中国职业篮球联赛所接纳时，这自然造就了中国青少年篮球与职业篮球的断层，更多的家庭不愿意让自己的孩子去从事篮球这个体育项目，这就造成了恶性循环。

篮球人才的培养是全方面的，我们应同时注重学生运动员的科学文化素质培养、竞技能力培养和健全人格塑造在发展度、协调度和持续度上的相互联系、相互作用。在培养中不仅应培养学生的竞技能力的，同时应注重学生科学文化素养培养和健康人格的塑造。较高的文化素质同样有助于竞技能力的提升，在有文化素质做铺垫的前提下，学生运动员对于技术提升的思考和教练员所布置战术的实施都会有深层次的自我思考和理解，这无疑对学生运动员本身的竞技能力发展有着促进作用；对健康人格的塑造也是同等重要，一个人的人格是我们安身立命之本，在现在的社会中充满着利益与诱惑，如若没有健康优秀的人格，那么竞技

[1] 王静．CUBA发展现状调查分析［D］．开封：河南大学，2010.

能力再高的人也同样有可能会由于自身的因素把自己荒废了。在现在大学的篮球中，许多学校举办 CUBA 的目标是在高校体育比赛中提升本校的知名度，在训练中过度强调了成绩的重要性，在训练中重视了篮球技能的教学却忽视了教师塑造健康人格的责任。教师的职业不仅仅是教书，还有育人，这是在现在校园中所缺乏的。这些软实力现状对校园篮球的可持续发展是个巨大的阻碍，它虽然不能直观地被看出来，但是却长远地影响着学生运动员的健康和可持续发展。

（4）中小学校园篮球在赛制赛程上缺乏合理安排

中小学篮球赛事是中国校园篮球事业的重要组构部分，是我国校园篮球的起点工作与过渡工作的调控杠杆，承载着篮球启蒙与升级训练工作的检测与激励，是中国高水平篮球运动后备人才的发源载体，因而其赛事结构是否科学、合理、契合我国校园篮球、竞技篮球、相关体制现实是影响到我国竞技篮球人才培养的重要因素。我们在现行大学联赛中所参赛的队员较多的是特招进入，而违背了我们培养人才的初衷。为了加强后备人才的储备，提升我国篮球的实力，在校园篮球中我们更应该注重大众化的篮球培养。比赛是检验训练成果的途径，比赛也是每一个青少年运动员展现自身能力和价值的舞台。但是在除了一线城市及篮球氛围较好的一些地区外，我们许多城市地区的许多学校并未能够得到参加篮球比赛的机会，一方面是由于学校的重视程度问题，另一个很重要的方面是当地政府和机构校园篮球的赛制赛程缺乏合理安排，导致学校不能参加或者没有机会参加校园篮球比赛。

良好的中小学篮球赛制系统是保障中小学篮球联赛高质量、有序、顺利进行的重要制度保障。赛制合理、科学不仅能有效地检测校园篮球教学的阶段性成效，更能在一定程度上推进校园篮球运动训练实现良性循环，激励学生篮球运动员全身心投入训练，教练员及时进行训练改革创新，学生球员积累竞赛经验不断促进其在篮球领域的健康成长，为进入高一级的训练竞赛打下坚实基础，提升校园篮球运动的综合效益〔1〕。通过访谈得知，在一般的学校里，较多的学校在一年中并没有很多的篮球比赛任务，有的学校每年只有市里的中学生篮球比赛，而且总的比赛场数只有不到 10 场，而且市里举办比赛的频率与当地政府的个体化安排和重视程度有关。一般是每年 1 次，有的甚至是 2 年、3 年才会准备

〔1〕 常金鹏．我国中学篮球联赛赛制研究［D］．北京：首都体育学院.

1次市里的比赛。至于省里的比赛，更加有了难度，这就更加对学校的实力有了较大的要求，能够有资格参加省里比赛的学校更是凤毛麟角。它们必须通过了市里的比赛并确定了一定比赛成绩才能够参加省里举行的比赛，当省里有比赛时，那些未举办市里比赛的城市就失去了参加省里比赛的资格。这对学生的训练热情来说无疑是一个打击。训练的目的就是为了比赛，在比赛中展现自我价值。实践出真知，我们校园篮球水平的提高在保证训练的前提下，必须与实战结合，并找到自己的问题并改正，不断提高，在训练中我们将掌握的篮球动作转变为篮球技术，在比赛中我们才能将篮球技术转化为篮球技巧，篮球技巧才是真正校园篮球水平提升的外在表现。没有比赛的任务就像是运动员没有目标，他们的训练激情会大大减弱，甚至也会带低教练员的教学激情。缺乏比赛的磨炼同样会降低运动员自身的运动竞技水平。当然我们不能不说，这一方面是当地政府赛事赛制组织的问题，另一方面也有学校自身的问题。许多政府由于对篮球运动的不够重视，并不是每年都举行篮球比赛，导致在举办全省市中小学篮球赛的机会得到限制；同时学校自身怕影响学生学业，在一些赛事的参与上表现出较弱的积极性。究其原因，政府相关部门的合理安排赛制赛程缺乏相关研究，对赛程赛制的相关规定模糊，导致我国的校园篮球事业在推进和执行时遇到了阻碍。

赛程问题得不到妥善解决的另一问题在于社会的关注程度较低，当前社会形势下，校园在篮球硬件设施、器材方面资源不一，经费问题一直是篮球运动发展的制约因素，尤其是在赛制方面，由于社会物质资源并不充分，经费问题得不到保障，学校篮球在比赛方面始终处于被动局面，因此社会的关注度低是目前中小学篮球比赛存在的问题之一。另一方面，中小学校园篮球运动的开展程度低也在于学生方面的健康安全，学校总是因为面对家庭或社会的压力，从而尽量避免学生在运动中发生受伤、不和谐的因素发生，正是因为学校这种心理或做法，从而使学生参与的篮球赛事过少，最终磨灭青少年个体的兴趣，使篮球技术及其技能很难得到有效的解决。相关的篮球赛事是青少年取得进步、拼搏精神的有效平台，因此如何在中小学开展相关的篮球赛事是篮球工作开展的重要保证。

（5）校园篮球教练员执教、管理水平不足

教练员身具多重角色——教师、家长、朋友、管理者，不同角色具有不同的要求，其中核心角色是执教者与管理者[1]。教练员的教学训练能力和综合能力同样重要，在青少年校园篮球时期，学生运动员不仅仅需要通过校园篮球来学习篮球知识，同样需要通过校园篮球来学习做人的道理，教练员在组织教学训练期间，不仅仅要关注学生运动员的篮球技能的增长，同样需要关注并教育学生的人格成长。教练员的执教、管理水平不仅关系到校园篮球水平，同样也关系到校园篮球可持续发展的问题。

就中小学而言，在此时期，是学生篮球技能形成的初期，对于想要打好篮球的学生来说，中小学时期是其基本技术和能力提升和巩固的最佳时期，但是我们可以了解到的是，学生参加的体育课更多的是“放羊课”，许多教师上体育课即为简单的慢跑热身后就放任学生自己活动，更不要说篮球课了，很多时候在中小学里的篮球课教师均是由一般体育教师担任，体育教师的专业素养得不到较大的保证，很多在课上教学的篮球教师可能自己本身就没有过篮球教学的经验，更甚至有些体育教师都不是体育专业毕业或者是别的文化课教师兼任体育教师，这种状况在一般中小学较为常见，这导致了在中小学对篮球项目热爱的学生得不到很好的篮球启蒙和培养，很多篮球苗子在小学得不到很好的篮球教育，即便是体育专业的体育教师，由于学校比赛的缺乏、学校对体育的不重视等等因素，在更多时候他们并没有参与到青少年篮球队的训练中去，教练员的水平得不到磨炼和提升，这对在后备人才储备方面是一个极大的限制。任何一个项目，项目的运动人口是基础，在中小学阶段如若教师没有较好的专业素养和篮球专业能力，这对青少年篮球项目的兴趣开发、能力培养都不是好的消息，同样，从客观上限制了青少年校园篮球的发展。

对于大学来说，大学是青少年篮球技术的快速提升时期，在此阶段，校园篮球的氛围非常浓烈，学生运动员的篮球技战术和篮球意识均是最佳提升阶段，并且在大学时期，篮球比赛较多会让学生有不少的锻炼机会。现时的中国大学篮球联赛虽然火爆，也推动着中国竞技篮球的前进，但少有人才跻身于 CBA 职业赛事，成为中国学校培养出的 CBA 明星，这从侧面影射中国大学生篮球运动与中国职业篮球运动的发展要

---

〔1〕 杜鹏．新时期我国篮球教练员队伍建设的探析［J］．北京体育大学学报，2006，6：851 - 853.

求脱轨，不能对接，这无疑给我们大学篮球向更高、更远的目标发展造成了阻碍。由此我们反思后不可否认的是，教练员的执教、管理水平同样是校园篮球运动发展的阻碍之一。大学校园篮球要想更好地发展，教练员的高超教学能力、优异的管理能力是校园篮球运动域中其他元素不能够替代的。就目前国教练员的水平来看，与理想状态有着一定差距。下面我们从几个方面来分析。首先，是执教经历。任何一项技术，除了个别的天赋外，正常的锻炼是必不可少的，熟能生巧是任何技术和事情的诀窍。优秀教练员的执教管理水平也是在不断执教过程中实现的。通过对 CUBA 教练员的调查可以发现（图 4－2），72. 80% 的教练员在参与高校执教之前并没有从事教练员的工作，22. 60% 的教练是从事过业余篮球教练，还有 4. 6% 的教练是热爱篮球后转行做篮球教练员。由此可得知，我国大部分教练在开始执教大学球队前，都是零基础的执教底蕴，缺乏与教练员相关所需要的能力，这无疑对高校高水平运动员的培养是不利的。

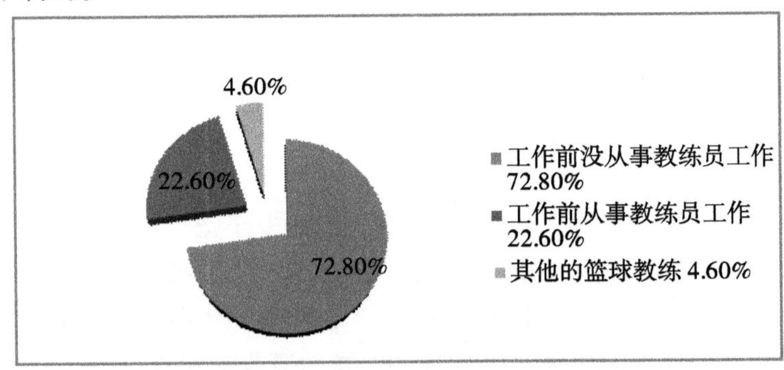

图 4－2　篮球教练员从事工作调查

教练员运动经历的缺失同样也是阻碍推进校园篮球水平质量上更好更进一步发展的重要因素。当前中国校园篮球教练员多由本校专职体育教师担任，这些专职体育教师均毕业于正规国家全日制高校体育教育专业，受训正规、素质齐全，具备完善的体育运动理论基本知识，具备一定的体育运动实践经验，还有部分教练员本身就是运动员大学生出生，经历丰富。然而纯粹专职体育教师与高水平教练员的工作有本质性的区别，基于其执教对象的不同，教学与训练工作之间有较大差异。体育教师具备丰富的教学经验，一定的专项技能，良好的教学手段，深蕴教学规律与学生身体发育规律即可；而高水平教练员不仅应具备这些，还必须具有良好的篮球运动技能素质，对现代篮球运动发展趋势及规律具有深刻的把握能力，以及高超的管理运动员、管理训练赛事的综合能力。中国大部分学校教练员基于缺乏足够的专业运动训练经历，没有专业运动员背景，导致平时的训练竞赛指导水平受限，短时间内队伍进步很快，时间久远后队伍整体水平就会出现高原，难以攀升[1]。在从事篮球教学过程中，技术动作和战术配合的细节问题是教练员的理论知识难以弥补之处，只有亲身经历过的教练员才能更加切合实战地制订切合本队实力及符合比赛实际情况所需要的技战术配合。我们曾经提出的“三从一大原则”，在现如今同样是我们的指导方针，“三从一大”中最重要的要求就是从实战出发，其他都是我们训练中运用的手段，我们教练员只有具有运动竞技实战经历，才能针对实战中可能出现实际情况来制定策略，这样才能提升我们高校篮球质量，推动高校篮球发展。

教练组成员安排不足导致执教效率低下。著名经济学家亚当·斯密说过：“劳动分工可以提高生产效率。”在我国现行的教练队伍里面，大部分都是一名主教练配上一名助理教练。教练员队伍呈现出整体性不强现象，通常是责、权、利不明晰，分工模糊，主教练通常统领训赛工作全局，而助理教练员则成为运动员保姆，无法发挥助理专长，从而训赛体系机制不能最优化，整体功能不能达到最大化，使得效益整体提升减缓。另外，多数校园篮球基于经费原因工作人员配备残缺，体能训练不能到位，训赛伤病恢复不够等问题不断浮出，难以应对，使得多数教练员身兼多职，诸多因素阻碍着校园篮球的可持续性发展[2]。学校应该考虑配置好一套完整的教练员班子，这使各个不同岗位的教练员比如助理教练，体能师、营养师等等可以各司其职，将自己的本职工作做好，并与主教练有效的沟通，将参训学生队员各个方面的身体机能调整到最适合训练和比赛的状态，让训练更加有效率，让比赛成绩更加理想。

（6）校园体育设施有限

任何运动的开展都需要一定的场地设施，校园篮球也不例外。完善的场地设施和器材配备是进行体育教育、培养校园篮球人才的重要物质条件。学校体育场地是器材的重要组成部分，是保证篮球教学、课外篮球活动和课余篮球训练等有关校园篮球活动必不可少的条件。

---

〔1〕 崔海明．我国高校篮球教练员研究［J］．体育文化导刊，2010（5）：112－114.

〔2〕 杜鹃，许博，高敏．新时期我国篮球教练员队伍建设的探析［J］．北京体育大学学报，2006，29（6）：851－853.

现阶段我们对有关篮球设施和器材进行了相关调查，结果见表4－3、表4－4。可以看出，重点中学的篮球架数和篮球数基本满足国家颁布文件的基本要求，但是普通中学并没有达到此要求。在我国大部分地区还是存在着篮球设施落后不齐全的情况，并且分区域的不同也有不同，在城市区域的明显好于乡镇区域，重点中学明显好于普通中学。大部分中学还是缺少室内篮球馆，大部分篮球课程和比赛都还是在室外场地进行，当遇到下雨、下雪等天气情况时，篮球课程及相关活动不得不取消。尤其对于地域环境较差的一些学校，由于恶劣天气情况较多，所以很多会出现长时间未能进行篮球课程及体育活动。在城市中的学校里，大部分篮球场地的材质为塑胶地面，而乡村一级的单位是以沥青场地和水泥场地为主。并且我们从学生和教师对器材的评价中可以发现，大多数学生和教师还是觉得器材均不能满足教学和平时需要。并且我们也发现，无论是城市还是乡镇地区，力量训练设备均缺乏。场地的不同对学生的篮球学习造成了不小的影响。首先是学生安全的问题。在校园篮球运动开展过程中，学生在学习篮球过程中难免有不正确的技术动作和一定程度的对抗，在塑胶或木地板的场地条件下，能较好地保证学生的自身安全，减少学生因为摔倒而造成的伤病，同样好的场地条件可以对学生的脚踝膝关节产生一定的保护作用，这样可以减少各关节的磨损，为学生的健康和篮球道路长久性发展做了良好铺垫。力量设备的缺乏，到时在力量发展时间的青少年没能得到良好的肌肉和神经的刺激，导致他们可能会在与高水平运动员的对抗上不知不觉产生较大的差距。

表4－3　高级中学与普通中学篮球硬件设施调查

单位	篮球馆/座	篮球架/副	篮球数/个
高级中学	0.8	5.9	58.3
普通中学	0	3	49

表4－4　重点中学与普通中学篮球器材评价　　百分比/%

单位	够用		基本够用		不够		很不够用	
	教师	学生	教师	学生	教师	学生	教师	学生
重点中学	12.5	15.5	34.3	32.3	47.5	44.5	5.7	7.7
普通中学	9.5	11.2	22.3	26.1	59.8	55.9	7.4	6.8

针对高校篮球来说，优秀的球队当然必不可少的是优秀的场馆和硬件设施。高校相对中小学而言条件较好，基本每所高校均有自己的室内篮球场。但是我们可以发现另一个非常重要的问题，即为场地对外开放的问题。许多高校的室内篮球场除了上课时间外并不对外开放，有些对外开放的场馆同样面临着高收费、包全场却不让个人进入的现象。并且在一线城市以外的高校，虽然具有室内篮球场，但是篮球场的场内环境不尽如人意，并且力量器材陈旧，在篮球课程的学习训练中缺乏较为先进的辅助器材，篮球场地板、篮筐、篮板及篮网都已陈旧，虽然能够满足学生的篮球课程基本需要，但是这种环境潜移默化地影响了学生参加篮球课程和训练的积极性，不利于校园篮球的发展。良好的场地条件和训练环境是激励学生参与校园篮球的重要客观保证。

（7）应试教育体制导致学生身心、课业负担重大

随着社会的发展，人们对教育的发展越来越关注。应试教育也逐渐向素质教育过渡，但受制于长久的传统教育模式，教育改革并非一朝一夕就能完成。因此，大多数学校依旧采用传统的教育模式，通过考试以分数来衡量学生水平，这就导致了青少年体育参与不足，更不用说校园篮球的参与了。

对中小学来说，应试教育给学生带了巨大弊端。首先它扼杀了学生的个性和全面发展，它只一味地追求考试成绩，这对学生无论是在体育还是在其他方面的发展都产生了较大的限制作用。在中小学时，学生接受了各种体育运动和各个兴趣爱好的熏染，当然包括校园篮球的熏染，其实较多学生在中小学时，由于 NBA 和 CBA 在中国的影响力都很大，所以很多人都对篮球产生了浓烈的兴趣，但是很多时候由于应试教育的“成绩化”思想，一切为了成绩，所以在学校期间，学生并没有太多的时间参与到校园篮球的学习和锻炼中去，他们受到学校环境的影响后更多的是单方面为了提升学习成绩，在个性和全面发展发面受到了很大的限制。在学校学习中，学生更多的是注重了提升知识，而德育、智育、体育、美育的发展几乎是没有，这样导致学生的发展不能均衡，同样对校园篮球的发展也产生了巨大限制。其次，应试教育增加了学生的负担。统计表明，日本每天进行 2 小时锻炼的学生 21.3%，而中国仅为 6.3%；日本每天 3 小时锻炼学生为 21.3%，而中国仅为 1.3%，表明中国学生锻炼时间明显低于日本。另有研究显示，美、日、中 3 国初中学生参与课外活动的比例分别为 62.8%、65.4%、8%，高中生参与课

外活动的比例分别为53.3%、34.5%、10.5%[1]。在如此可怜的体育运动时间内，我们的中小学生根本没有时间去进行体育参与，更别说校园篮球的发展，能够让他们自己活动的时间都可以说是寥寥无几。我们发现，在我们现代中小学学生学习中，在小学时学生已经开始饱受应试教育的摧残，家长们为了让孩子不输在起跑线上，在孩子小学的时候就开始给他们报各种早教班，在初中期间更为明显，由于初中有了考高中的压力，许多家长让孩子把经历全部放在学习上，加时加课，不断增加孩子的课业负担，缩减了其余各种活动的时间，而且还发现，在初中很多教师都会开设文化课的培训班，很多平时教材上的内容都不在课堂上教学，而是私自留在自己的课程中进行教学，这无疑也给学生在课程学习上更大的压力。在高中，学生为了考入理想的大学，更加地拼尽全力，同样学校也给他们灌输着花一切时间去学习的理念，在高中里仅有的2节体育课有的被缩减至1节，有的甚至将体育课完全占用进行数理化或是英语等科目的学习，在高中上学期间很多教师在下课后仍然拖堂进行教学，即便是按时下课学生就连座位都没有离开，就一直处于静止状态，更不用说发展校园篮球运动了，他们已经被应试教育的制度折磨得身不由己，这无疑对校园篮球和校园体育的发展产生了直接的阻力。在大学开展的军训中，我们每年都能在新闻中看到有大学生由于难以承受军训的强度而晕倒或在体育课中的测试中运动猝死的。这都是由于在中小学应试教育的压力下，导致学生的发展路径朝单一方向前进，在中小学和高中时期学生已经形成了唯成绩为目标的思想，到了大学以后他们的思维观念和行为举止仍然受着前面许多年应试教育的枷锁。

4.2.2.2 我国青少年校园篮球中家庭因素方面的动力不足

在青少年校园篮球运动的发展中，家庭因素同样也是重要的因素之一。我们从家庭的访谈中得知，家庭中父母对孩子的教育体现在生活中的各个方面，其中家庭是主要推动力之一。在父母的言传身教下，孩子在家庭的环境中成长，所以说家庭因素是青少年篮球发展的重大推动力之一，也是影响校园篮球发展动力的重要因素。

家庭因素是与学校因素同等重要的影响因素，学校教育可以对学生

---

[1] 体育就是一种教育[EB/OL]. http://opinion. people. com. cn/h/2011/1119/c159301-4110468198. html，2011.

灌输国家倡导的体育价值观，然后通过学校文化的浸软形成互动，构建校园群体体育运动导向，获取共同价值认同。家庭教育则可以依家庭、经济、结构、体育态度影响学生体育行为，对学校体育教育起着辅助护航作用〔1〕。

兴趣是人们行动做事的直接动力。有人曾说："一个孩子的身上可以看到这个孩子父母的影子。"通过这句话我们可以体会到父母对孩子无论是在教育还是在其他方面的影响上，都具有无可替代的作用。首先，从家庭的体育锻炼习惯来说，我们的父母从我们刚出生时就开始对我们进行教育，在生活中的各个方面，会用他们自己的思维方式和人生经历来教育自己的孩子怎么样正确的健康成长。当然，家庭中父母对学习和其他方面的教育观，无疑对我们青少年孩子的成长起着重要的作用。在现实生活中，很多家里，父母非常喜欢篮球，他们就会在他们自己的生活中掺杂着各种有关篮球的点点滴滴。最为明显的就是家庭的体育锻炼习惯，如果父母平时工作之余很喜欢打篮球，他们自己深受篮球运动的影响，了解参与篮球运动的好处，并喜欢打篮球。父母亲的体育习惯与行为对孩子会起到直接的影响。子女接触时间最多的社会成员个体就是父母，父母的生活习惯与行为在日积月累中成为子女生活的一个不可或缺的部分，其体育行为方式成为孩子不自觉间模仿的对象，这种模仿处于无意识与有意识状态中。另外父母的体育价值观也会在日常生活中渗透给子女，子女在日后的学校生活中逐渐形成趋同的体育价值观，并在这种价值观的导引下进行体育活动参与。因而家庭体育模仿是孩子们习得体育行为技能的起点，这些习得技能在日后趋同运动情景中得到强化，不断积累并依据外界条件得到不断修正，最终定型，形成自己独有体育运动方式，在不断地参与体育运动中形成一定的体育精神价值观，逐渐形成内在的体育精神意识与外在的体育参与行为综合体，即内外兼修的体育参与社会基本单元。因而良好的家庭体育习惯、丰富的家庭体育生活将成为孩子最好的体育启蒙，将在其一生的体育锻炼生涯中起到其他社会因素不可替代的作用。

家庭态度同样是对孩子影响的重要因素，很多家庭中也许父母自身对篮球运动的参与并不是很频繁，但是自己对于体育运动的认识是正面

---

〔1〕 高晓波，陈小慧．高校学生体育价值观与其校园文化耦合的路径选择［J］．中山大学研究生学刊：社会科学版，2009，30（4）：151－163.

的，这同样对青少年篮球校园篮球运动的开展是一个好的消息。其实现实中存在很多这样的情况，在学校组织的各种体育活动中，由于父母强烈的应试教育思想，青少年们可能对体育尤其是篮球有着很浓烈的兴趣，但是父母在较早时期就给予孩子严格的限制，以学习为主，其他活动不予参加，这对孩子的影响是巨大的，青少年时期孩子对父母的反复要求有着强烈敏感的反应。另一方面，我们也从访谈中得知，父母的态度对青少年这个阶层来讲并不完全相同。对中小学生来讲，父母在从事篮球运动方面并不认同，最主要的原因还是在于对文化知识学习的担忧，考虑到传统观念升学这个因素，大多数家庭在这个期间会选择让学生进行知识的学习，课下时间也会将孩子送到培训班中，从而在篮球学习方面起到制约作用。而当青少年到了大学这个舞台，父母才会任其学生自由发展，但受制于中小学时过多的文化学习，到了大学之后学生往往也会对篮球运动失去兴趣，或是因为自身运动基础相对较弱，参与篮球运动的概率越来越小。

家庭经济状况也是影响青少年参与学校体育组织的因素之一，任何体育项目的参与都必须以一定的家庭经济状况为基本前提。随着经济社会的发展，社会单元财富日渐丰裕，老百姓的思想观念、人生观、价值观、生活方式都在悄然变化，单纯的物质财富的满足已经不能成为生活的全部，健康的生活已经成为人们日益追逐的对象。运动胜于吃药，健康运动、休闲运动日益深入人心，成为现代社会家庭生活的时尚与常态。许多父母日益认识到激烈的同场对抗性体育运动项目，对培育子女吃苦、协作、耐受挫折、不断进取等多维正能量精神品质及完善的人格具有重要作用。优异的文化成绩再也不是子女成长过程中的唯一衡量标准，健康的体魄、良好的社会适应心理在子女的人生旅程中同样重要，是其一生顺利发展的重要基石。研究表明，经济条件愈好的家庭，投入给孩子的体育参与费用愈高，同时经济条件较好的家庭的父母通常具备良好的体育价值观与体育运动参与意识，其体育行为方式及体育价值认同潜移默化地影响着孩子的后续生活中体育行为方式的培养与体育价值观的形成。健康生活、运动生活成为父母与孩子的共识，成为孩子们进行体育运动的先在意识导向〔1〕。这也对校园篮球运动的开展是具有促进作用。

〔1〕 张凤民．家庭因素对小学生体育参与影响的研究［D］．长春：东北师范大学，2005.

4.2.2.3 个人自身因素方面的动力困境

中国青少年校园篮球运动发展的不尽人意迫使我们深刻反思校园篮球运动的发展，在于校园篮球运动对学生的篮球价值观的影响。价值观是指你认为做什么是有意义的，这对我们人生一辈子所做的事情是重要的根据。青少年学生是否真正意义上感受到校园篮球项目对青少年自身的价值是推动校园篮球发展的重要一步。那么回过头来，我们就要认真思考，校园篮球运动的真正价值青少年们是否已经清楚。校园篮球对青少年个体来说，是具有很重的意义的。现在的无论是中小学生还是大学生，对篮球项目甚至篮球的认识十分匮乏，在他们很小的时候，他们就被灌输了好好学习的思想，以学习为重，学习外的任何别的东西，家长都很少向他们灌输，这就导致了篮球价值观的严重缺失。篮球首先是一项团体项目，它是以团体配合为主的协作型项目；同时它又是同场对抗型项目，它是以竞争为前提的对抗性项目，对人在追求成功的道路上很多方面的促进是有积极性作用的，对青少年学生的健康成长和追求上进的精神来说是十分有价值的。有 2 个价值是我们每个人都可以受益终身但我们青少年学生又没有意识到重要性的价值，即健身价值和教育价值。首先，校园篮球运动的健身价值。青少年学生通过篮球来锻炼身体，培养团体精神。但是青少年学生能否体验到这就是个疑问。最近几年，我们不难发现，中国青少年的体质节节下降，在学校中出现很多在篮球课上和军训中晕倒和出现不良反应的学生，在青少年的校园时期，他们其实很容易被篮球场上运动员高超飘逸的球技所深深吸引，因此青少年学生个体也会选择练习模仿。但由于学校学业和升学的压力，这便使得青少年对校园篮球运动的认识从自身角度而言不足，在校园中未能产生一定的兴趣，因为他们并没有体验到校园篮球对他们本身的益处。篮球运动的开展能够愉悦人们的心情，释放精神压力，也能在比赛中培养个人坚强的性格与毅力。但是在青少年校园篮球发展学生个人的执行方面，青少年个体还是缺乏主动性，当然家长和学校教师同样负有责任；对校园篮球教育价值也是极其重要的，但由于青少年学生在校园里很少参与其中，校园篮球虽然是一项篮球项目，但是它同样具有教育的价值，这些是现在很多没有参与其中的青少年学生不能体会到的，在技术动作的学习中体会到实践的重要性，在提升熟练度的练习中体会到重复的必要性，在技战术的学习中体会到人与人之间配合的默契性。这些是在学习篮球过程中可以深入体会到的东西。在青少年时期，我们如果能通过校园篮球运动的发展来从小提升孩子们的能力，那孩子们一定会更加健康的成长。

青少年校园篮球发展的另一动力便是青少年个人自身的运动基础。个人的运动基础具体可指对篮球运动项目的兴趣、篮球运动技术水平等。针对目前的青少年个体来讲，随着生活的不断变化，更多的孩子选择娱乐休闲活动，缺少吃苦耐劳的精神动力。而家长与学校更是过多关注孩子们的学习情况，这便直接造成了学生体质方面的缺陷。究其原因，主要在于家庭、学校主体未能满足青少年个体的运动需要，造成一定的动力错位。另一方面，青少年发展校园篮球的动力转化不足。我们在校园篮球中认识到，青少年通过篮球运动可以愉悦内心，增强其趣味性，强身健体，而且能够培养良好的进取精神。这些精神动力都是青少年愿意去表现和参与的，但正是因为来自社会、学校、家庭等方面的制约因素，动力在发展的过程中存在较多不足。社会在选拔篮球人才方面，明确指出青少年是未来篮球事业的接班人，但正是因为关注度小，制度落实方面存在缺陷，更多的将文化方面提高到最高层次，这便直接影响到了青少年个人运动的基础动力。校园方面，场地器材的匮乏，经济方面不均衡，学生难以更好地参与到篮球运动中去。而且长期以来受制于“应试教育”主导，对篮球课堂的重视程度低，也压抑了学生个体在篮球方面的兴趣培养。这些因素都导致了青少年个体的动力转化方面存在不足。

4.2.2.4 社会因素方面的动力困境

影响青少年校园篮球的动力主体另一方面存在于社会层面，这一层面主要包含着政府部门对篮球运动的关注程度、传媒因素的传播导向以及周边伙伴、朋友对篮球运动的共同参与等等。

政府部门对青少年校园篮球的关注程度低下是导致青少年参与篮球运动动力不足的重要来源。当前形势下，国家政府出台了一系列对青少年参与篮球运动的制度措施，我们对政府及学校的有关访谈，从制度实施反馈的信息来看，确实存在较多的困难。大多数专家学者指出，学校对文化重视程度较高，在中小学校园中，升学因素一直是校园考核制度的重点，而衡量学校主要指标便是文化学习，虽然篮球在中小学也有加分制度，却是微不足道，因此这便无形之中降低了篮球在校园中的地位。传统中国教育体制及社会人才选拔体制导致智育至上、考分制胜、营养至上、技能至上，使得学校和社会对体育锻炼、体能培养位居其次，篮球项目健康价值也就受到了削弱与轻视。于是过于功利的教育主导了孩子们的成长过程，运动的乐趣与健康的重要也遭受忽略，篮球运动在校园教育中的地位如同其他运动项目一样也就显得不那么重要了[1]。另一方面存在于制度的落实缺少合理的监督性。加强合理的切实措施是加强青少年篮球工作的关键，这对篮球运动的发展同样如此，制度落实需要社会与学校家庭方面共同来监督。

物质利益方面的保障性不足也是青少年动力被压抑的重要因素。我们对政府部门的有关访谈中得知，校园篮球经费方面物质利益的供给主要是社会、政府等相关企业、行政单位的经费扶持，要想获得校园篮球运动发展的动力，这必须要建立和满足青少年个体利益的外在需要。在校园篮球运动的开展过程中，伤病因素总会因为比赛的激烈性或者意外性等不可控因素偶尔发生，或亦是运动疲劳所造成的损伤。因此针对此类问题，必须建立青少年篮球运动中伤病的保障因素。另外，经费的投入另一方面可以针对校园篮球器材设施进行更新与完善，可以让坚硬的沥青、水泥场地变成专业的篮球场所，充分重视学生、重视篮球课堂、重视篮球在学生中的发展。另外，经费的投入可以充分让校园篮球运动员进行更多的篮球赛事，目前除去高校拥有 CUBA 和 CUBS 篮球赛事之外，在初中、高中几乎很难看到正规的篮球赛事。造成其原因一部分在于文化课程学习重视程度高之外，另一部分则在于物质方面缺少相关保证，经费少，从而无法提供比赛的相关要求，这也造成了校园篮球动力方面的不足。

社会因素动力方面的困境在于篮球运动宣传力度的欠缺。目前青少年对篮球方面认知一方面除去校园篮球课堂的普及之外，另一方面则是通过媒体、电视等方面的信息传递。我们常常会在电视节目欣赏到精彩的 NBA、CBA、奥运会等篮球赛事，这也让部分青少年个体对篮球运动产生了极大兴趣。但我们也同时看到，除去这种相关篮球赛事外，几乎很难看到其他形式的篮球节目。而且另一方面，由于学生学业压力大，家长有时会反对学生观看一些相关的娱乐节目，把更多的时间放在辅导

---

〔1〕 陈至立．切实加强学校体育工作，促进广大青少年全面健康成长—在全国学校体育工作会议上的讲话［J］．人民教育，2007（3）：1－5.

班学习、写作业等等与学习相关的事宜上。因此，媒体、电视等方面并不能很好、有效地让青少年个体在篮球方面得到满足感。篮球运动的宣传力度也需要树立正确的篮球观念，提高篮球运动在社会上的社会地位，让更多的人参与篮球运动中来。图 4 – 3 为青少年校园篮球动力困境。

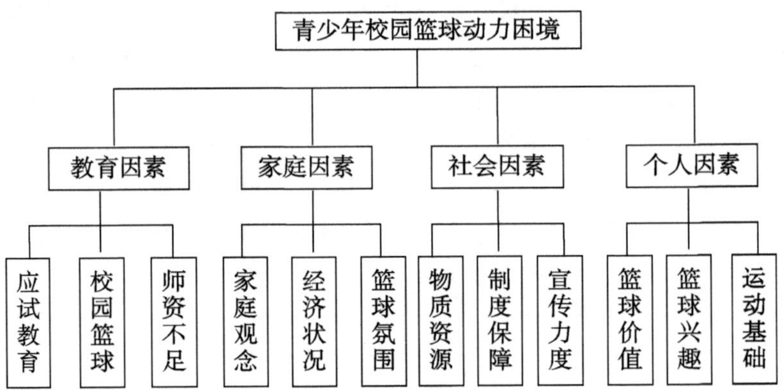

图 4 – 3　青少年校园篮球动力困境

5 校园篮球运动发展的国际经验及启示

篮球是集体性同场对抗性项目，它的发展是我国从体育大国走向体育强国的重要证明。但是从我国的篮球水平来看，历史最好成绩为奥运会第八名，且在近些年中，国际大赛的战绩波动幅度较大，水平较不稳定，在国家队中，新老交替出现了严重的问题，新队员想上上不来，老队员想退却退不下去。根据我国培养篮球后备人才的方式和趋势来看，在我国主要分为 2 种培养方式：第一种即为体育运动学校、竞技体育学校、各级少儿体育和业余体育运动学校等的体育系统培养；第二种即为正常的学校教育中加入篮球教学的相关内容的教育系统培养。随着社会市场化和职业化对传统培养模式的冲击及社会对人才综合素质的要求越来越高，人们对体育系统培养带来的劣势认识较为深刻，校园篮球在我国今后的人才储备中的地位将会越来越高，这已是大势所趋。但是我们不难发现，在现在我国最高水平的男子篮球联赛 CBA 中，由校园篮球培养出来的人才寥寥无几，但反观外国其他国家可看到，大部分优秀的篮球运动员均出自校园篮球的培养，且这条输送渠道稳定可持续，所以外国校园篮球运动发展的成熟是值得我们深思和学习的，他们的经验值得我们借鉴。下面本研究就 3 个具有代表性国家的校园篮球运动发展进行研究。

5.1 美国校园篮球运动发展的经验与启示

5.1.1 美国校园篮球的发展

美国之所以能够长期站在世界篮坛的巅峰，不仅仅是由于他们强大的全明星阵容和顶级的身体素质，他们能够在奥运会中囊括 14 届奥运冠军，仅有较少的几次被苏联、南斯拉夫、阿根廷等队拿走。由此可见，美国篮球不仅实力位居世界前列，同样他们培养的篮球后备人才也是前赴后继。寻根究源，不仅因为美国有着科学细致的训练方法，更重要的是历经久远的篮球职业化旅程与成熟的学校体育体制及相对完善的国家体育法理、法规打造了美国独有的校园篮球后备人才培养体系，即小学、中学、NCAA、NBA 逐层阶梯递进式模式〔1〕。青少年是国家的希望，是国家的未来，青少年的培养是培养人才可持续的重要途径。

美国校园篮球的普及与发展首先在于其教育模式。美国的教育与中国有较大的区别。在美国，重点中学都要求学生必须掌握一个以上的特长，因而美国家庭及学校在小学阶段就开始鼓励学生发展 1～2 项体育专长，基于择优原则，学生也从小依据自身特点进行倾向性的项目选择进行训练，加之篮球是美国竞技体育优势项目，特别是 NBA 的超强世界影响，使得美国多数小学生将篮球作为启蒙体育的必修运动，然后随着年龄的增长进入高年级时自觉地参与篮球协会的专门性训练〔2〕。美国的教育过程中主要是培养孩子的兴趣，在美国中学的教育时期，他们仍然以培养学生的兴趣为主。中小学时期学业的压力对学生的影响并不大，并且在只有掌握了一项特长后才能进入较好的中学。经过小学兴趣的培养和中学的专项训练，加之美国人较好的身体素质，高中阶段的篮球竞技水平已经达到了较高的水准。美国的教育方式属于培养专才型人才，在小学及中学期间，课业压力较小，大部分时间是在培养和巩固学生的兴趣爱好，所以在中学期间他们的时间可以不受到较大的时间限制。在美国高中，篮球联赛的组织也是非常火爆，每个学校基本都有自己的篮球队伍，且每年有将近 40 场正规篮球比赛，在高规格高中联赛中就已经人才济济了，在高中时篮球并不能给学生带来进入大学的优势，但很多队员把进入 NCAA 打球当作自己的梦想。很多优秀的 NBA 球员在高中就崭露头角，比如科比·布莱恩特、卡文·加内特、卡梅隆·安东尼、勒布朗·詹姆斯等篮球巨星。美国大学是 NBA 球员的能源库，由表 5－1 看出 NBA 球员

---

〔1〕 汪光胜，王东亮．中美后备人才培训的比较研究［J］．吉林体育学院学报，2015，31（6）：36－40.

〔2〕 刘闯，文展．中美篮球后备力量培养途径的比较研究［J］．河池学院学报：理科综合版，2005，25（2）：94－95.

的构成情况，我们可以很直观地看出，虽然近几年国际球员的比例有所提高，但是丝毫不能撼动美国NBA选秀人才的供应，NCAA的学生球员仍然以高比例进入NBA这个世界篮球的顶级殿堂。NCAA对学生球员有系列严格规定：首先，学生篮球运动员必须努力学习，以优异的成绩通过SAT、ACT考试才能具备参加联赛的资格，并且不容许学生球员在学期间出现不合格课程，否则将会被禁赛；其次，NCAA对自身及学校也有相应的制约，即联赛组织及学校要剔除功利主义，对学生实行人文关怀，而不是将学生视为夺取奖牌的工具，并且要将学生球员与其他学生进行平等对待。有基于此，美国的学生篮球运动员必须首先具备优异的文化素养为前提，这才具备打球的资格，这种体制使得美国的大学生篮球运动员不仅具备高超的技艺，而且受到良好的高等教育，真正地实现了体育与教育的高度融合，德与艺的双修。美国学校篮球运动开展非常火爆，日常学生球员训练培训机构众多，如NBC篮球训练营、NIKE篮球训练营、MCCRACHEN篮球训练营、SNOEWVALLEY篮球训练营、BENCH篮球训练营等常年向全国招收各种水平的学生球员，为美国校园篮球的发展起到了重要的补偿作用。美国的学校篮球竞赛体系完善、科学，长年设有不同级别的赛事，大学生联赛非常火爆，就美国国内来说和NBA赛事相当，而且受到法制保护，赛事打理交由专门的体育赛事机构运作。竞赛通常挑选64支队伍，依行政地域分4个区域进行，周训6天，日训4时，其训练强度、训练水平、投入程度可与NBA比肩。科学、有序的校园篮球训练与竞赛为美国培育了大量篮球明星，也创下了令世人羡慕的傲人成绩。美国大学生篮球运动员在1992年前的历届奥运会上代表美国参加篮球项目的比赛12次，夺取金牌9枚，奖牌2枚，只有1次未入前三，足见美国大学生校园篮球运动对美国竞技篮球事业的重要性无可替代[1]。另外，美国NCAA篮球教育也特别注重篮球运动员发展的心理智能训练，通过心理预测来排除外界干扰，从而更好地发展运动员的抗干扰能力[2]。

---

〔1〕 柴立森．中美篮球后备人才培养体系的对比研究［J］．衡水学院学报，2012，14（1）：69－72．

〔2〕 Sean M, Edward R. Match Madness: Probability Matching in Prediction of the NCAA Basketball Tournament［J］. Journal of Applied Social Psychology, 2009, 39（12）: 2809－2839.

表5－1　NBA选秀球员调查

时间	总人数	NCAA	%	NBDL	%	国际	%
2012	60	51	85.0	0	0	9	15.0
2013	60	46	76.6	1	1.6	13	21.6
2014	60	46	76.6	1	1.6	13	21.6
年均	60	47.6	79.4	0.66	1.06	11.6	19.4

美国校园篮球的发展其次在于美国精神的重要载体与纽带。美国精神中崇尚的竞争、团结、拼搏等在NCAA这个舞台中得到了完美的诠释。美国是一个移民国家，城市之间的高度流动性也成就了美国对其家园生活的归属感，加之美国倡导的自由精神，注重个人主义的发展，因此篮球运动的发展一定形式上成就了美国人民对自我城市的归属感、荣誉感。对NCAA而言，每年三月份的赛事注定是值得纪念和关注的日子。“疯狂三月”特指NCAA旗下Division I级别进行的全国性篮球锦标赛（NCAA Tournament），共有68支球队，按照一场定胜负的淘汰赛制，产生“甜蜜十六强”“精英八强”“最终四强”，直至进入决赛，争夺最终的冠军。“疯狂三月”在美国的受关注度惊人：电视转播在2014年创造22年来新纪录，每场比赛平均观众数达到1130万人，决赛达到2830万人；现场观众近8万人，最高票价超过3万美金；社交媒体Facebook针对“疯狂三月”喷发出3.5亿条相关表述，较2014年大幅提升43%；超过6000万人透过博彩机构对比赛下注。（图5－1）

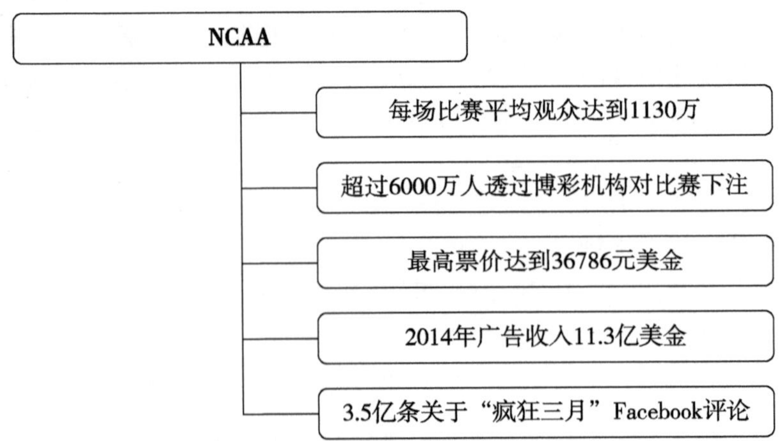

图5－1　数字化NCAA，名副其实的“疯狂三月”

在“疯狂三月”的赛事期间，球队之间的不可预知性，造就了篮球运动的无上魅力。也正因为这种偶然性，全民乐此不疲地参与 Bracket 的 NCAA 竞猜，预测每一场比赛的胜负。2014 年 NBA 球队老板与投资人沃伦·巴菲特悬赏 10 亿美元，奖励能够成功预测出当年美国 NCAA 男子锦标赛每一场比赛结果的人，如此巨额奖金在竞技体育史上尚属首例，足见美国 NCAA 赛事的疯狂程度。NCAA 的热度不止在民间，美国总统奥巴马也是 NCAA 的狂热球迷。自 2008 年上任以来，奥巴马每年都会填写 Bracket 彩票，预测本年度 NCAA 冠军。每年 9 月，奥巴马都会亲自接见当年 NCAA 冠军球队，对球员们的精彩表现予以称赞和鼓励。球队之间的胜负对球员之间有着强烈的归属感，对于美国这个国家来讲，因为属于移民国家，所以在乡土文化方面并不注重。但美国 80% 民众都接受过高等教育，所以对校园都有强烈的归属感。这种情结赋予了 NCAA 在美国社会中极为特别的地位。相对于更偏于商业表演性质的 NBA 比赛，美国人对 NCAA 比赛有着更高的忠诚度。不少球队的拥趸的后代亦成为该队的球迷，代际之间的传承屡见不鲜。美国人把大学教育打造成成了一种终身的文化认同，成为联系社会不同个体间的纽带。全民性、素人性、美国梦、认同感，这些元素在 NCAA 中都得到了最好的体现。NCAA 的赛事也会给球员带来相对的荣誉感，美国是一个对获胜欲望强烈的国家，加上对学校特有的归属感，使之对球队的有着高强的获胜情节。NBA 球星克里斯·保罗曾说，成为 NBA 巨星后的遗憾就是再也不能打 NCAA 了。

美国校园篮球运动发展的第三点在于 NCAA 是美国职业体育联盟的人才库，通过 NCAA 这个平台进入职业联盟的球员数不胜数。以 NBA 为例，每年 NBA 选秀大会上的参选新秀中有超过 78% 来自 NCAA。仅 Pac－12 联盟，2015 年就有 62 名毕业生在 NBA 打球。另外对于 NCAA 来讲，NCAA 作为业余体育协会，非常强调大学体育赛事的纯粹性和非职业性。校园体育发展的驱动力更多是荣誉感而不是金钱利益，比赛的胜败虽然是重要的，但这比不上其对学生成长、完善人格的帮助。NCAA 高校在球员入学上首先要求有不低于其他同学的文化水平，其次才是具备高超的竞技水平。相较于商业氛围浓厚的职业联盟 NBA，NCAA 的商业氛围不可谓不寡淡。NCAA 的篮球运动员除了接受学校的体育生奖学金之外，在大学期间并未其他收入，联盟明文规定，大学生球员不能接受外界的商业赞助，否则将接受禁赛乃至开除学员资格。而在没有工资，没有上也赞助的情况下，对于大学生球员来说获取高超的篮球运动技能，体验运动后的成功感就成为他们的唯一追求。NCAA 通过与职业化的严格界限，保证了校园篮球的纯粹，使得它的品牌具有独特的魅力。

最后，NCAA 商业潜力价值巨大，NCAA 的收入构成主要包括电视转播权收入、冠军赛收入、衍生产品销售服务以及社会各界的捐赠。电视转播权收入。2014—2015 年，NCAA 收入超过 9 亿美元，而其中超过 80% 的收入正是来自电视转播收益。2010 年，NCAA 与 CBS、时代华纳签署电视转播合同，从 2011 年到 2024 年，14 年合同价值 108 亿。这还仅仅是全国淘汰赛阶段的费用。而 NCAA 各大分区（诸如 Big10、ACC）内部的比赛，从常规赛到季后赛，电视转播合同还要另签。冠军赛门票收入。冠军赛门票收入是第二大收入来源。常规比赛阶段，学生一般可以以几百美元的价格买到学校的季票。但如果进入淘汰赛阶段，比赛票价会水涨船高。以 2015 年的最终四强战 Final Four 为例，比赛在可容纳近 7 万人的大场馆进行，但平均票价也达到了惊人的 618 美元，部分前排座位甚至可能被炒到上万美元。2014 年 NCAA 决赛最高票价就高达 36786 美元。支出构成：赛事支出、财政补贴、球员基金等。NCAA 真正实现了将收入反哺体育赛事、反哺教育系统。NCAA 会把每年全部收入的绝大部分返还到旗下各个联盟及相关机构，按不同费用类型进行分配，包括锦标赛支出、财政补贴、竞赛奖励以及广泛性的委员会工作等项目，其中相当一部分作为资助学生球员的基金，包括奖学金、学生补助、健康服务与意外保险等等。据 NCAA 官网介绍，每年一级和二级联盟，共有 15 万名学生球员分享总额达到 27 亿美元的奖学金，平均每人每年大约有 1.8 万美元。通过出色的商业开发，NCAA 品牌价值高居福布斯品牌价值榜前十，衍生品开发丰富。NCAA 旗下大学篮球四强赛和橄榄球季后赛双双进入 2015 年福布斯品牌价值榜，分列第六、第九位，品牌价值达到了 1.50 亿和 1.06 亿美元。此外，球迷对于 NCAA 的高黏性产生了衍生品市场的高需求。NCAA 协会对其所有名称、logo 商标、服务标识都有注册，经批准开发成为各类特许商品，包括各类运动鞋服，纪念衫、吉祥物玩偶等，在校园内外、比赛场馆周边的特许商店中进行销售。衍生品销售总额的 25% 将上交回 NCAA 协会，进一步创造了营收。同样，NCAA 已经进军中国市场，NCAA 与阿里巴巴战略合作，首次在中国举办常规赛。2015 年 9 月，阿里巴巴集团与美国 NCAA

Pac－12 联盟达成 2 年独家战略合作，合作内容涉及赛事直播、票务以及相关衍生产品。2015 年 11 月，历史上首场 NCAA 常规赛暨 Pac－12 联盟中国赛，在上海梅赛德斯奔驰中心举行。华盛顿大学哈士奇队和得克萨斯长角牛队，上演了一场精彩纷呈、高潮迭起的比赛。2014 年中国在读留美学生总人数已达 50 万人，当年赴美留学人数为 27 万人，历年留美学生总数已达 300 万人，这些都是 NCAA 开发中国市场的潜在受众。

5.1.2 美国经验与启示

（1）在美国这个篮球的发源地，它有较为系统的和完整的培养篮球人才的方式，一条龙培养方式。在这种培养方式下，学生若是对篮球产生了浓烈的兴趣后，要想继续进行篮球的深造就只有走校园篮球的这条道路，没有别的捷径可以走，并且只有进入较好的学校，才能有更好的篮球氛围和条件。这种单一的培养方式从长远角度来看，为学生的学习和篮球发展做了较为充分的考虑。

（2）美国优秀的中小学都需要学生掌握一项特长，为学生今后事业发展奠定基础。兴趣是最好的教师，我们只有对事物有了兴趣后，才会更加有动力地继续进行下去。由于很多优秀的学校都有此要求，导致家长在学生较小的时候就开始对孩子进行个人兴趣的培养，并且由于篮球在美国运动中的地位和家长个人及孩子对篮球的热爱程度，很多家长选择了篮球为特长，并且对孩子进行兴趣的选择和培养。

（3）高中时期良好的篮球氛围。在高中时期，每个学校都有自己的篮球队，并且有属于自己的篮球联赛。在小学和初中时期培养的篮球兴趣在高中时期得到了深层次的磨炼和提升。在高中，学生可以接受更为真实的篮球，他们每年都会接受大概 40 场的正规比赛量的保证，这为他们篮球技术和经验的积累提供了实践保证。固定的比赛任务会让学生们在训练中有明确的努力方向和比赛目标，促进了学生训练的积极性。

（4）NCAA 在美国篮球的地位为进入 NCAA 大学联赛的门槛和相关制度为学生提出了明确且高标准的要求。在高中进入大学的入学考试时，对门槛标准没有优惠，并不是打好了篮球就可以进入好的大学，而是只有学习好了才能进入大学更好地深造篮球，这对热爱篮球的学生提出了更高的要求。并不是每个人都有机会进入 NBA 的殿堂，但是在美国 NCAA 的规模与 NBA 的规模可以说是相差无几，有时甚至 NBA 都要给 NCAA 让道。许多学生都把进入 NCAA 当成自己的篮球梦想，这可能是自己生涯中最高水平的篮球竞赛赛场。自己这么多年的篮球生涯都希望得到全美最优秀大学联赛的认可，这提升了他们进入 NCAA 的欲望，促使他们在练习篮球的同时提升自己的学习成绩，进入优秀的大学，得到更好、更专业、篮球设施和条件更优秀的大学的培养。

（5）大学里硬性规章制度及法规的实施使运动员朝健康的方向发展。在进入大学后，学生并不是刻意放纵自己为所欲为，同样有着针对他们详细的规章奖励制度和惩罚制度。此类规章制度针对到学生在大学发展的各个方面，包括文化教育、训练竞赛、奖学金发放和学籍管理等〔1〕，将教育和体育较好地结合在一起，建立了严格的学生管理体制，帮助学校更加规范地对学生进行管理，而且这种制度较好地调动了学生运动员、家长及学校参与篮球的积极性。在美国大学里，学习成绩不达标将会取消学生运动员参与 NCAA 联赛的比赛资格，同样规范着学生将学习成绩作为打篮球的前提条件。并且由于 NCAA 的商业性质已经较为浓烈，有很多广告公司试图想挖走其中优秀的学生运动员作为商业用途的需要，但在 NCAA 中，有明确的规章制度，在校学生不能参加广告公司等商业性较强机构的商业活动，保证了学生的健康成长。学校希望学生运动员通过自身努力，将学习和篮球不断提升，拿到奖学金来达到勤工俭学和贴补家用。

（6）心理技能训练是美国 NCAA 比赛中常用的训练方法，通过建立一定的心理干预排除外界干扰因素，这种训练方面可以采用改变训练环境法、建立表象训练法或者转移注意力的方法等等〔2〕。因此，这种训练模式也给予了我国篮球运动训练的启迪。

（7）美国 NCAA 的篮球运动员更加注重球队归属感和荣誉感。美国超过 80% 的民众都接受过高等教育，对大学体育运动的荣誉有着强烈的个人意识。因此，大学时代的球员便建立了对自己球队的归属感。美国 NCAA 作为业余体育协会，非常强调大学体育赛事的纯粹性和非职

---

〔1〕 曾建雄．我国篮球与美国篮球后备人才队伍的建设比较［J］．湖北经济学院学报，2008，5（10）：91－92.

〔2〕 Jamin B，Gary M. Effects of reasons analysis on the Accuracy of Predicting basketball games［J］. Journal of applied social Psychology，1999，29（3）：517－530.

业性。校园体育发展的驱动力更多是荣誉感而不是金钱利益，比赛的胜败是重要的，但这比不上其对学生成长、完善人格的帮助，因而校园体育与教育的联系也是其重要的闪光点。NCAA 高校在球员入学上首先要求有不低于其他同学的文化水平，其次才是具备高超的竞技水平。NCAA 的篮球运动员除了接受学校的体育生奖学金之外，在大学期间并未有其他收入，大学生球员唯一能追求的就是高超技艺，运动后的成功感。

（8）NCAA 商业价值巨大。NCAA 的收入构成主要包括电视转播权收入、冠军赛收入、衍生产品销售服务以及社会各界的捐赠。支出构成包括赛事支出、财政补贴、球员基金等。这真正实现了将收入反哺体育赛事、反哺教育系统。

5.2 西班牙校园篮球运动发展的经验与启示

5.2.1 西班牙校园篮球发展

西班牙是欧洲传统强队，它在世界篮坛的崛起在 1984 年，曾打进 1984 年洛杉矶奥运会决赛，并获得第二名的好成绩，并且在 2008 年北京奥运会和 2012 年伦敦奥运会上与老对手美国队激战到最后，难解难分，最终虽然落败，但西班牙篮球的实力让世界篮坛为之震惊。

西班牙体育取得如此突飞猛进的成绩，与跟其重视体育后备人才的培养有着密不可分的联系。他们从篮球人才的培养、选拔等各个方面，都有着符合本国国情的专属之处。在西班牙篮球的发展培养模式中，它依托俱乐部，属于俱乐部培养模式。西班牙人口不多，所以根据本国国情，西班牙做出如下决策：并不是仅仅单纯放弃学习而进入俱乐部进行篮球训练，而是在校园的大部分时间在学校读书，选择周末及业余空闲时间进行训练，在这段空闲时间里可以充分利用俱乐部优越的硬件条件和教学师资进行专业篮球训练。他们在学校学习成长的过程中，同时受到了优秀的篮球技术的培养，但并没有要求必须从事篮球运动，当他们没有能力或不想成为职业球员的话，就可以通过考大学来进行深造，最终就业。并且周末及空闲期在俱乐部训练期间，俱乐部中的教练员也同时会给出他们自己专业的意见作为参考，针对你能否进行职业篮球的道路进行考评和建议，学生可以根据俱乐部专业的建议和自己自身的情况来进行人生道路的规划和选择。在西班牙，他们是通过不同年龄段的比赛来对在校学生筛选，他们有 U16、U18、U20 的欧锦赛比赛，仅仅青少年的比赛计划每年就有 12 项之多。优秀的运动员在完成西班牙教学的义务教育阶段后（小学 6 年和初中 4 年），就有资格与篮球俱乐部签订合同，接受更为系统的训练，转型成为职业球员[1]。在西班牙，最高体育管理机构是西班牙最高体育理事会，它与西班牙国内的各个全国性的体育组织不存在上下属关系，他们都自身具有较大的自主管理权，这就为该机构的培养和组织方式留下了灵活的空间，给他们自身独特性想法提供了实施的空间。

西班牙篮球成绩上取得重要保障的另一个原因在于体育体制的培养模式，西班牙的体育体制是政府机构与民间组织密切配合的体育管理体制。西班牙最高的体育行政管理机构是西班牙最高体育理事会[2]。但行政管理部门在管理方面，更多的是发挥政策引导权和监督权，因此在体育政策的实施与落实方面，更多的则是在于社会与民间的主动权。在校园篮球与后备人才培养方面，基于这种体育体制的管理培养模式下，西班牙十分注重其后备力量及校园学生篮球的发展，像皇马、巴萨这种欧洲顶级职业篮球俱乐部，在长期的发展过程当中，都形成了较为完善的三线后备人才培养体系。其中这一部分后备人才的选拔上，就依托于校园，通过校园篮球运动来促进后备人才引进。同时西班牙篮球不断借鉴国外先进理念，同时，结合自身打法，从自身俱乐部职业队到后备人才梯队建设，都形成了完善而又鲜明的技战术打法，从而取得较好的运动成绩。

5.2.2 经验与启示

（1）针对本国国情，较好地制定了符合本国国情的篮球人才的培养方式。在西班牙，人口较少，对篮球感兴趣的学生，学校并未在学校进行篮球的培养，而是采用俱乐部的培养模式。对篮球感兴趣的学生可

〔1〕 朱旭．中国、美国、西班牙、阿根廷篮球后备人才培养模式的研究［D］．武汉：湖北大学，2013.

〔2〕 刘兆朋，张秀芳．西班牙男子篮球运动迅速崛起的因素分析［J］．体育研究与教育，2013，28（6）：34－37.

以自主选择在周末参加俱乐部的训练。

（2）较早接触专业、科学、系统的篮球训练。俱乐部相对于学校体育教师来说，具有更高的篮球执教水平。由于他们经过对职业运动员的培养和反思，他们可以站在更为专业和长远的角度看待学生，可以在之前运动员的培养中看到问题并有反思，在接下来的培养过程中，将自己多年的经验体现在执教理念中，并且在学生运动员遇到瓶颈或问题时能够接受非常专业的回答，这能让年轻的学生少走弯路，并且有一个精彩、长久的职业生涯。

（3）各种各样的比赛促进了青少年篮球水平的交流与发展。“人外有人，天外有天。”这是中国的一句古话，在这个大千世界里，总有人比你厉害。比赛是检验训练成果的重要途径之一，我们只有多比赛才能在比赛实战中找到自己队伍的不足，并针对自己队伍的弱势进行改正和补充。学生也能在比赛中与其他队员进行交流学习，促进自己对篮球理解、技术弱势的改进和提升。

（4）科学的选材方式和手段降低运动员的牺牲成本。西班牙篮球的选材过程中，在学校期间，保证学生的学习时间不受到影响，并且在空闲时间参与俱乐部培养中，很早就接触了具有专业眼光的篮球教练的发现和指点，可较好地将自己的潜能挖掘和发挥出来。同样在俱乐部的学习和训练中，能较早地听到教练员对学生运动员发展潜力的意见，学生对自己可以有正确的自身定位，不会在篮球和学习中间摇摆不定。对于有天赋的运动员，专业俱乐部选人时同样是在初中毕业后进行，在此前，学生已经在俱乐部进行了长期的训练和比赛，俱乐部对其潜力和能力有全面的定位，使俱乐部和学生均避免了时间成本的浪费。

5.3 俄罗斯校园篮球运动发展的经验和启示

5.3.1 俄罗斯校园篮球发展

俄罗斯竞技篮球运动在全世界来说处在举足轻重的位置，也有着辉煌的历史。从世界篮球赛事来看，NBA 赛事应该说是当之无愧的老大，而欧洲篮球联赛也是世人最为喜爱的篮球赛事，其规格、水平堪与 NBA 比美。俄罗斯自 1947 年的欧洲杯的 40 余年间总共取得了 14 次冠军。但1991年苏联解体后篮球运动基于国家政治原因受到严重影响，其整体实力日趋下滑。除1993年获得欧洲杯锦标赛亚军外，其他战绩均在第3～第7名之间。1999年落入谷底仅获第10。2000年以后俄罗斯经济得以复苏，竞技体育的投入也得到不断增加，篮球运动也得到相关部门的重视，竞技运动整体实力也逐渐回升，联赛成绩日趋稳定。2007年俄罗斯在欧洲杯联赛上一举斩获冠军，俄罗斯篮球正以强劲的势头回归世界竞技篮球第一集团军。然而俄罗斯的篮球运动成功绝非偶然，成就俄罗斯篮球运动因素多维，其中校园篮球后备人才培养是其成功的重要因素之一。

俄罗斯在篮球后备人才培养方面有着独特的一套体制。成熟的法制为俄罗斯篮球后备人才提供了制度保障。俄罗斯《青少年体育法》明文规定6～7岁的入学儿童必须选定与身体发育规律相适应的体育运动项目，并为以后发展体育专项打基础。而《俄罗斯联邦全民体育及运动法》则规定联邦政府及主体政府必须参与到青少年儿童体育工作中来，国家为青少年的体育活动提供场地、设施，并提供免费食宿，苦难家庭的青少年儿童运动服装、体育活动夏令营费用由国家承担。《俄罗斯联邦2020年前体育运动发展策略》规定普通中小学学校必须设立体育特长班，艺术、冰雪、篮球是重点设立项目。梯级式多元方式培养模式是俄罗斯校园篮球发展的动力航母。俄罗斯青少年体育运动培养主要由学校体育、体育俱乐部与体育运动学校3类途径，3类机构互相联系、互通有无、协作培养。这3类机构都从入学的少年儿童进行项目分类，选拔部分具有一定篮球天赋，并对篮球运动感兴趣的学生进行倾向性培养，向高一级的训练机构输送，由于选择面广、选材科学，为俄罗斯篮球运动的高级人才培训打下了良好的基础。由此可见，俄罗斯中小学及中等体育学校的主要任务是发现人才、选拔人才、初级训练，为培养更高一级的专项人才做准备。莫斯科体育运动学校体系则采取分级教学，第一级为青少年体校有70所属于最基层青少年体育基础训练基地，第二级为奥林匹克后备力量专项少年体校113所，属于青少年体育专项分属提高训练基地，第三级是高等运动健将和奥林匹克后备力量中等学校，属于青少年高水平运动训练基地13所。这种层级式输送方式使俄罗斯的篮球后备人才得以良性循环，生生不息。俄罗斯的校园篮球基于培养兴趣—适当训练—提升训练—专项训练—高级培养梯级累积式培养模式是其竞技篮球成功地基本秘诀。俄罗斯校园篮球成功的另一关键在于其科学的赛制，其赛制为全俄罗斯青少年锦标赛——各市青少年锦标赛——区市全俄小篮球比赛，全俄中小学校队全年参加 20.5 场比赛，体育运动学校校队参加 31.7 场比赛。赛事由俄罗斯专门的组织机构组织，或部分委托社会机构组织打理。俄罗斯篮球联合会下设 3 个机构，分别为青年篮球协会、街头篮球协会和学生篮球协会，这些协会吸引了众多的学生篮球运动员参与到篮球运动训练及赛事中来，为俄罗斯竞技篮球运动提供了强劲的推力〔1〕。

5.3.2 经验与启示

（1）大范围、多形式的篮球人口的培养。一个运动的运动人口，是这项运动发展好坏的重要评定指标之一。在俄罗斯，从小就注重篮球人口的培养。在校园篮球的学习中，并不一定所有的篮球参与者均要进行职业篮球或者以篮球为主的工作路线，可以选择以锻炼身体为目的，以参加篮球训练为方法手段，青少年可以在参与校园篮球的训练中渐渐体会到篮球的魅力，并慢慢地热爱上篮球这个运动项目，这对校园篮球的发展来说同样是有好处的，并且不同类型的学生可以根据自己梦想和目标的不同，选择不同种校园篮球训练的方式，这同样有利于真正有天赋的校园篮球人才得到高效的发展。

（2）具有特色的赛制对青少年篮球的发展起到了积极作用。在俄罗斯采用了赛会制及主客场相结合的赛制，在普通赛会制的赛制前提下加入具有独特作用的主客场相结合，有利于青少年学生加强主客场意识，有利于增加家长、教师和社会人士等对校园篮球在精神上及在物质上的关心和支持，并且对学生充分体验到训练与比赛即练习和实战的心理上的巨大不同有着重要的意义。学生可在主客场里体验到环境对竞赛中运动员身心的影响也是不可忽视的一部分。主客场造成心理素质的影响、不同场地对本队整体和个人发挥的影响都是不可控因素，我们青少年校园篮球中加入了这些更加不定的因素，对我们青少年篮球运动员更早、更好地适应外部环境起到了积极作用，同样在主客场比赛学生可以去到不同的地点比赛和参观，这对学生参与校园篮球的积极性同样是个

〔1〕 张利超．俄罗斯国家竞技篮球运动新崛起带来的启示［J］．北京体育大学学报，2014，37（10）：130－135.

极大的鼓励。

（3）在学生较小年纪时举行各种类型的锦标赛，对学生在竞技意识提升保持上起到了重要作用。在俄罗斯学生较小时，就可以参加各种各样类型的篮球赛事。比赛是检验训练效果、发现问题的重要手段，我们所有的训练全部是针对着实战中技术的运用。学生在小学时就可以参加各种类型的篮球比赛，这使学生从小形成竞争意识，熟悉了篮球比赛的氛围。

（4）俄罗斯特有的政府和社会共同管理体制为校园篮球的发展起到了巨大推动作用。在俄罗斯的体育管理中，是由社会机构和政府机构共同进行管理，并且各个机构相互独立，政府机构只在宏观政策上进行调整，不会参与到各个细节的管理，各社会和政府机构各司其职、各取长处，政府机构呼吁更多商业大佬参与到体育中，他们不仅将良好的社会管理经验注入到校园篮球的发展之中，同时他们也为校园篮球的发展注入了大笔资金，给校园篮球的发展提供了物质保证。

（5）俄罗斯有着严格的教练员评定体系，其为校园篮球的发展提供了质量保障。教练员是青少年校园篮球的发展的传播者，教练员的教学质量直接影响到了青少年篮球技术的提升和对篮球项目的热情。在俄罗斯有着严格的评价标准，教练员的等级与其培养人才的质量和数量都息息相关。这不但可以促使教练员对待青少年学生教学中的认真态度，而且还对教练员自身的提高有着促进作用。这无论对于校园篮球发展中的学生还是教练员，两方面均有益处。

6 我国青少年校园篮球运动发展动力的影响因素

6.1 主要影响因素筛选

青少年校园篮球发展存在众多的动力因素，制约其变化的形式众说纷纭，因此如何从诸多因素中找准其关键点是青少年校园篮球运动得到有效发展的保证。从影响青少年校园篮球动力因素分析，采用了问卷调查、访谈法，将结果运用 SPSS 多元统计方法，对问卷得到的数据进行分析，从而找出影响青少年校园篮球的影响因素。

6. 1. 1 第一轮施测

6.1.1.1 变量选择

在研究假设的前提下，本研究共设计了对影响青少年校园篮球动力发展的 4 个因素，即青少年个人自身、家庭、校园和社会，共包括了 62 个条目。这主要包括以下方面。

（1）青少年个人自身因素（1 对篮球运动的热爱程度；2 在篮球课堂外，利用课余时间进行篮球运动；3 在篮球运动中，不畏惧于挫折，坚定信念；4 篮球技术水平技高一筹；5 对于篮球运动，自身懂得的知识高于其他人；6 篮球运动可以锻炼身体，健康成长；7 篮球运动可以培养自身的团队合作意识；8 室外篮球运动易使自身晒黑；9 篮球运动需要身材高大的形态；10 篮球运动在比赛对抗中容易受伤；11 篮球运动太累；12 篮球运动在比赛中易和另一方产生矛盾；13 自身篮球运动技术水平差；14 篮球运动容易出汗；15 受到球技好的同学的影响；16

受到别人对自身篮球水平的赞赏；17 与同伴们一起进行篮球运动很快乐），共 17 个解释变量。

（2）家庭因素（18 父母支持参与篮球运动；19 像父母这个年纪的人，应该参与到篮球运动中来；20 爷爷、奶奶比较喜欢篮球项目；21 父亲支持我参与篮球运动；22 母亲支持我参与篮球运动；23 父亲认为课下更多的时间应该放到文化课学习当中；24 母亲认为课下更多的时间应该放到文化课学习当中；25 父亲热爱篮球运动；26 母亲热爱篮球运动；27 家庭经济条件制约发展篮球项目），共 10 个解释变量。

（3）学校影响因素（28 考学压力；29 学习成绩论；30 读书时间是为了考大学；31 读书好可以考上重点高中；32 课下时间要进行辅导班学习；33 作业较多占据课下时间；34 课余时间有其他娱乐活动；35 课余时间进行篮球运动；36 篮球课堂多开展篮球运动项目；37 篮球课堂教师进行篮球技能讲解；38 篮球课堂进行篮球运动，出一身汗；39 喜欢学校篮球教师；40 除去篮球课堂外，学校有其他篮球活动；41 参加篮球运动，经常满头大汗；42 在学校里，有教师带领参与篮球运动），共 18 个解释变量。

（4）社会影响因素（46 篮球运动是日常参与度很高的项目；47 受篮球明星的影响热爱篮球运动；48 家中附近有篮球场地进行篮球运动；49 球技高会受到他人的尊敬与欣赏；50 文化知识水平高，会受到他人的尊敬与欣赏；51 周边的同伴、朋友都在关注篮球运动；52 周边的同伴、朋友都不关注篮球运动；53 在放学后，进行其他娱乐活动；54 在放学后，有人带头进行篮球运动；55 家里面有相关的篮球运动设备；56 通过节目倡导参与篮球运动；57 喜欢通过节目看篮球比赛；58 节目中的篮球比赛使自己热爱篮球运动；59 篮球运动有相关的政策指引；60 政府部门针对校园篮球出台了相关政策；61 篮球运动政策运动良好；62 希望通过篮球运动就业），共 17 个解释变量 。

6.1.1.2 样本说明

本次问卷共发放 987 份，回收 936 份，回收率为 94.8%，有效问卷为 919 份，有效率为 98.2%。城市学校发放 626 份，占 63.4%，有效问卷 601 份，有效率 96%。其中大学生发放 412 份，有效问卷 402 份；高中生发放 115 份，有效问卷 106 份；初中 99 份，有效问卷 93 份。其中大学，武汉理工大学发放 119 份、长江大学发放 98 份、三峡大学发放95份、湖北师范学院发放100份；高中，武汉市洪山高中55份、黄冈中学高中部29份、孝感高中31；初中，武汉市卓刀泉中学发放45份、黄冈中学初中部发放31份、孝感市孝南实验中学发放23份。

农村学校发放361份，占36.6%，回收有效问卷318份，有效率88.1%。其中，高中发放219份，回收有效问卷209份；初中发放142份，回收有效问卷109份。其中，高中有浠水县团陂高中发放87份、回收有效问卷83份，大悟县二中发放73份、回收有效问卷69份，钟祥市胡集高中发放59份、回收有效问卷57份。其中，初中有浠水县团陂中学发放59份、回收有效问卷47份，大悟县丰店中学发放43份、回收有效问卷34份，钟祥市胡集第一中学发放40份、回收有效问卷28份。

区域及调查对象选择在湖北省有以下原因：首先湖北省科学教育文化居全国前列，省会武汉大学生人口超过一百多万，居全国城市首位。其次，湖北省地区我国中部地区，自2004年最新提出中部崛起战略计划以来，湖北省一直相应时代号召，走在时代前列。而发展青少年的篮球运动也是实现我国篮球强国梦，培养青少年体质健康及全面发展的重要举措。第三，湖北省经济发展居于全国中游水平，这一点对我国各地来讲，具有一定代表性。最后受制于工作环境的原因，选择湖北省作为调查区域，主要便于调查的开展，操作具有可控性。

6.1.1.3 筛选原则

从问卷来看，学者根据研究经验，综合提出以下看法：大多数情况下，五点量表是最可靠的，选项超过五点，一般人难有足够的辨别力。三点量表限制了温和意见与强烈意见的表达，五点量表则正好可以表示温和意见与强烈意见之间的区别〔1〕。张文彤认为，可以对各题目进行深入分析，如果将当前的变量删除，问卷相应指标的改变情况，可以用来对问卷中的各项进行逐一分析，以达到改进的目的〔2〕。

按照吴明隆和张文彤对问卷编制标准中的项目分析，对所有条目进行项目分析，删除不符合量表编制标准的条目，为后继研究打好基础。

---

〔1〕 吴明隆. SPSS统计应用实务：问卷分析与应用统计［M］. 北京：科学出版社，2003.

〔2〕 张文彤. SPSS统计分析高级教程［M］. 北京：高等教育出版社，2004.

本研究条目分析过程中所采用的标准如下。

第一，“决断值”（简称 CR 值）。其求法是以各题项得分的高、低 27%作为高、低分组的指标，对各题项平均得分使用 t 检验进行高、低 2 组差异比较，若相伴概率 $p > 0.05$，表示鉴别力不高，应将此题剔除。

第二，题总相关。剔除满足 2 个条件的条目：一是该题与问卷总分的相关系数小于 0.3，二是删除该题后，α 系数估计值会上升。

第三，题维相关。剔除满足 2 个条件的条目：一是该题与问卷总分的相关系数小于 0.3，二是删除该题后，α 系数估计值会上升[1]。

6.1.1.4 筛选过程

（1）决断值分析

见表 6－1。

表 6－1 决断值条目筛选结果－剩余 37 个条目

问卷	CR 值不显著大于 0.05	剔除条目数量	剩余条目数量	问卷整体系数
	10、11、12、13、14、20、23、24、25、26、27、28、30、32、33、34、36、38、41、42、48、52、53、54、64	25	37	0.795

（2）题总、题维相关分析

见表 6－2～表 6－4。

表 6－2 第一轮条目筛选结果－剩余 30 个条目

问卷维度名称	剔除题总相关小于 0.3，α 系数估计值会上升的条目	剔除题维相关小于 0.3，α 系数估计值会上升的条目	剔除条目数量	剩余条目数量	各分量表项目
个人因素	8、9	8、10、19	3	12	0.796
家庭因素				2	0.899
学校因素	29、31	29	2	7	0.703
社会因素	50	50	1	9	0.765

〔1〕 高泳．我国青少年体育参与动力机制研究—以河南为例［D］．北京：北京体育大学，2006.

表 6 -3 第二轮条目筛选结果 - 剩余 29 个条目

问卷维度名称	剔除题总相关小于 0.3，α 系数估计值会上升的条目	剔除题维相关小于 0.3，α 系数估计值会上升的条目	剔除条目数量	剩余条目数量	各分量表项目
个人因素				13	0.796
家庭因素				2	0.899
学校因素	44	31、35	3	5	0.703
社会因素				9	0.765

表 6 -4 第三轮条目筛选结果 - 剩余 29 个条目

问卷维度名称	剔除题总相关小于 0.3，α 系数估计值会上升的条目	剔除题维相关小于 0.3，α 系数估计值会上升的条目	剔除条目数量	剩余条目数量	各分量表项目
个人因素	19			13	0.796
家庭因素				2	0.899
学校因素				5	0.703
社会因素				9	0.765

经过 3 轮筛选之后，通过决断值分析，剔除变量条目有 33 个，剩余了 29 个变量条目。该研究首先在经过调查问卷的信度检验后，认为学校因素中应保留并改进说法为“课余有时间参加篮球活动”“在学校，有教师组织参与课外篮球活动”“篮球课上，有篮球活动的相应设施”，增补“考高中时，需要考试篮球”；家庭因素维度中应保留并改进说法为“父亲有参与篮球活动的习惯”“母亲有参与篮球活动的习惯”。

6.1.1.5 问卷信度检验

为了保证整个问卷调查研究的实效性，研究在因变量和自变量的选择上采用了数量不等的多个指标因素进行了权衡。研究采用 Cronbach′s Alpha 参数法对问卷内部的一致性进行检验。信度是一致性的指标，信度系数越高，即表示测量的结果越一致、稳定。

依据当代学者的观念，在问卷信度检验问题上，任何测验工具的信度系数如果在 0.9 以上，则信度甚佳；信度系数在 0.8 以上均可以接受；如果在 0.7 以上，则应进行较大修订，但仍不失其价值；如果低于

0.7，则应该弃之；如果内在信度系数在0.8以上，则可以认为调查表有较高的内在一致性[1]。Tang SM认为，在探索性研究阶段，Cronbach's Alpha达到0.6即满足要求[2]。在本研究中，通过内部性一致性检验，结果显示α值都均大于0.7，因此量表的内在一致性较好。具体如表6－5所示。

表6－5　校园篮球动力影响因素的Cronbach's Alpha值

	Cronbach's Alpha	标准
青少年个人因素	0.756	
家庭因素	0.793	α>0.6
校园因素	0.725	
社会因素	0.702	

6.1.1.6　问卷效度检验

因子分析是检验问卷效度结构最常用的而且有效的方法。因子分析的主要功能是从问卷设计的全部变量中提取一些公因子，各公因子分别与某一群特定变量高度关联，这些公因子即代表了问卷的基本结构，通过因子分析可以考察问卷是否能够测量出研究者设计问卷时假设的某种结构，主要指标有累积贡献率、共同度和因子载荷。累计贡献率反映公因子对问卷的累积有效程度，共同度反映由公因子解释原变量的有效程度，因子载荷反映原变量与某个公因子的相关程度，如果共同因素与理论构想的非常接近，可以说此问卷具有结构效度[3]。因此，针对校园篮球问卷调查，我们采用了因子分析对整体问卷效度进行检验，具体如表6－6、表6－7所示。

---

〔1〕张文彤，董伟．SPSS统计分析高级教程［M］．北京：高等教育出版社，2011．

〔2〕Tang SM. An impact model of intranet adoption：an exploratory and empirical research［J］．J System Software，2000，51（3）：157－173．

〔3〕杨京钟，吕庆华，易剑东，等．体育用产业政策效率的影响因素：来自福建泉州的证据［J］．体育科学，2012，32（2）．

表6－6　变量共同度

	Initial	Extraction
对篮球运动的热爱程度	1	0.693
在篮球课堂外，利用课余时间进行篮球运动	1	0.712
在篮球运动中，不畏惧于挫折，坚定信念	1	0.755
篮球技术水平技高一筹	1	0.768
对于篮球运动，自身懂得的知识高于其他人	1	0.768
篮球运动可以锻炼身体，健康成长	1	0.694
篮球运动可以培养自身的团队合作意识	1	0.657
篮球运动在比赛中容易受伤	1	0.661
受到球技好的同学的影响	1	0.676
受到别人对自身篮球水平的赞赏	1	0.712
与同伴们一起进行篮球运动很快乐	1	0.708
父母支持参与篮球运动	1	0.695
父亲支持我参与篮球运动	1	0.854
母亲支持我参与篮球运动	1	0.751
父亲有参与篮球活动的习惯	1	0.762
母亲有参与篮球活动的习惯	1	0.656
课余时间进行篮球运动	1	0.865
篮球课堂教师进行篮球技能讲解	1	0.854
喜欢学校篮球教师	1	0.712
除去篮球课堂外，学校有其他篮球活动	1	0.735
在学校里，有教师带领参与篮球运动	1	0.758
学校内篮球硬件设施充足	1	0.712
课外活动中，篮球场地设备充足	1	0.635
家中附近有篮球场地进行篮球运动	1	0.625
受篮球明星的影响热爱篮球运动	1	0.701
球技高会受到他人的尊敬与欣赏	1	0.724
周边的同伴、朋友都在关注篮球运动	1	0.648

续表

	Initial	Extraction
在放学后，有人带头进行篮球运动	1	0.753
家里面有相关的篮球运动设备	1	0.687
通过节目倡导参与篮球运动	1	0.698
喜欢通过节目看篮球比赛	1	0.612
节目中的篮球比赛使自己热爱篮球运动	1	0.831
篮球运动有相关的政策指引	1	0.786
政府部门针对校园篮球出台了相关政策	1	0.802
篮球运动政策运动良好	1	0.685

表 6-7　研究设计的因子载荷分析

研究设计变量指标	测量变量	因子载荷	结果分析
篮球价值观	篮球运动可以锻炼身体，健康成长	-0.656	维度正确，2 个可测量变量能够反映其因子
	篮球运动可以培养自身的团队合作意识	0.425	
篮球兴趣	热爱篮球运动	0.543	维度正确，1 个可测量变量能够反映其因子
青少年个人篮球运动基础	在篮球课堂外，利用课余时间进行篮球运动	0.516	维度正确，4 个可测量变量能够反映其因子
	在篮球运动中，不畏惧于挫折，坚定信念	0.714	
	篮球技术水平技高一筹	0.755	
	对于篮球运动，自身懂得的知识高于其他人	0.732	
他人因素	篮球运动在比赛中容易受伤	0.568	维度正确，4 个可测量变量能够反映其因子
	受到球技好的同学的影响	0.635	
	受到别人对自身篮球水平的赞赏	0.642	
	与同伴们一起进行篮球运动很快乐	0.692	
家庭影响	父母支持参与篮球运动	0.726	维度正确，5 个可测量变量能够反映其因子
	父亲有参与篮球活动的习惯	0.589	
	母亲有参与篮球活动的习惯	0.614	
	父亲支持我参与篮球运动	0.602	
	母亲支持我参与篮球运动	0.812	

续表

研究设计变量指标	测量变量	因子载荷	结果分析
校园篮球活动	课余时间进行篮球运动	0.743	维度正确，2个可测量变量能够反映其因子
	除去篮球课堂外，学校有其他篮球活动	0.764	
篮球教师因素	篮球课堂教师进行篮球技能讲解	0.752	维度正确，3个可测量变量能够反映其因子
	喜欢学校篮球教师	0.714	
	在学校，有教师组织参与课外篮球活动	0.658	
篮球硬件设施	学校内篮球硬件设施充足	0.748	维度正确，3个可测量变量能够反映其因子
	课外活动中，篮球场地设备充足	-0.614	
	家里附近篮球设备完善	0.725	
篮球运动社会关注	球技高会受到他人的尊敬与欣赏	0.536	维度正确，4个可测量变量能够反映其因子
	周边的同伴、朋友都在关注篮球运动	0.706	
	在放学后，有人带头进行篮球运动	0.685	
	家里有相关的篮球运动设备	0.734	
大众传媒	受篮球明星的影响热爱篮球运动	0.714	维度正确，4个可测量变量能够反映其因子
	通过节目倡导参与篮球运动	0.801	
	喜欢通过节目看篮球比赛	0.756	
	节目中的篮球比赛使自己热爱篮球运动	0.621	
制度政策	篮球运动有相关的政策指引	0.759	维度正确，3个可测量变量能够反映其因子
	政府部门针对校园篮球出台了相关政策	0.781	
	篮球运动政策运动良好	0.624	

6.1.2 第二轮施测

6.1.2.1 变量选择

在研究假设的前提下，本研究共设计了对影响青少年校园篮球动力发展的4个因素，即青少年个人自身、家庭、校园和社会。共包括了35个条目。这主要包括以下方面。

（1）青少年个人自身因素（1喜欢参与篮球运动；2在篮球课堂外，利用课余时间进行篮球运动；3在篮球运动中，不畏惧于挫折，坚定信念；4篮球技术水平技高一筹；5对于篮球运动，自身懂得的知识高于其他人；6篮球运动可以锻炼身体，健康成长；7篮球运动可以培养自身的团队合作意识；10篮球运动在比赛对抗中容易受伤；15受到球技好的同学的影响；16受到别人对自身篮球水平的赞赏；17与同伴们一起进行篮球运动很快乐），共11个变量。

（2）家庭因素（18父母支持参与篮球运动；21父亲支持我参与篮球运动；22母亲支持我参与篮球运动；25父亲热爱篮球运动；26母亲热爱篮球运动），共5个解释变量。

（3）学校影响因素（35课余时间进行篮球运动；37篮球课堂教师进行篮球技能讲解；39喜欢学校篮球教师；40除去篮球课堂外，学校有其他篮球活动；42在学校里，有教师带领参与篮球运动；44学校内篮球硬件设施充足；45课外活动中，篮球场地设备充足；48家中附近有篮球场地进行篮球运动），共8个介绍变量。

（4）社会影响因素（47受篮球明星的影响热爱篮球运动；49球技高会受到他人的尊敬与欣赏；51周边的同伴、朋友都在关注篮球运动；54在放学后，有人带头进行篮球运动；55家里有相关的篮球运动设备；56通过节目倡导参与篮球运动；57喜欢通过节目看篮球比赛；58节目中的篮球比赛使自己热爱篮球运动；59篮球运动有相关的政策指引；60政府部门针对校园篮球出台了相关政策；61篮球运动政策运动良好），共11个解释变量。

6.1.2.2 样本说明

问卷采用《青少年校园篮球发展的现状及影响因素调查》为题目对青少年学生进行了访问调查，调查区域选择了武汉市。对象选择了处在武汉市的初中生、高中生以及大学生。选择武汉的原因：一方面在于本人长期在武汉工作，所接受的环境和资源有一定保障；另一方面，武汉作为湖北省省会，中部的中心城市，其在校大学生超过了100万，居全国首位，因此可供的选择面较为广泛。样本的抽取如下：首先，按照武汉市的行政区域，按照市辖区进行分层抽样，先对武汉市13个市辖区进行编码，然后随机抽取两个市辖区（洪山区、新洲区），对市辖区的高校、高中、初中进行问卷随机发放。

本次问卷共发放 680 份，其中回收问卷 669 份，回收率为 98.4%，剔除问卷 8 份，有效问卷为 661 份，有效率为 98.8%。其中，有效问卷回收大学生 327 份，其中中国地质大学发放 120 份、回收有效问卷 119 份，武汉工程大学发放 100 份、回收有效问卷 99 份，华中师范大学发放 110 份、回收有效问卷 109 份。有效问卷回收高中生共 203 份，其中武汉市洪山高中发放 80 份、回收有效问卷 75 份，武汉市长虹中学高中部发放 60 份、回收有效问卷 55 份，武汉市新洲第一中学发放 50 份、回收有效问卷 46 份，武汉市阳逻高中发放 40 份、回收有效问卷 37 份。有效问卷回收初中生 121 份，其中武汉市鲁巷中学发放 40 份、回收有效问卷 37 份，武汉市长虹中学初中部发放 30 份、回收有效问卷 28 份，武汉市阳逻镇一中发放 30 份、回收有效问卷 27 份，武汉市新洲区山店一中发放 30 份、回收有效问卷 29 份。

6.1.2.3 信度检验

研究采用 Cronbach's Alpha 参数法对问卷内部的一致性进行检验。信度是一致性的指标，信度系数越高，即表示测量的结果越一致、稳定。结果显示 α 值都均大于 0.7，因此量表的内在一致性较好。

表 6－8 变量共同度

	Initial	Extraction
对篮球运动的热爱程度	1	0.752
在篮球课堂外，利用课余时间进行篮球运动	1	0.726
在篮球运动中，不畏惧于挫折，坚定信念	1	0.739
篮球技术水平技高一筹	1	0.744
对于篮球运动，自身懂得的知识高于其他人	1	0.698
篮球运动可以锻炼身体，健康成长	1	0.712
篮球运动可以培养自身的团队合作意识	1	0.683
篮球运动在比赛中容易受伤	1	0.624
受到球技好的同学的影响	1	0.689
受到别人对自身篮球水平的赞赏	1	0.745

续表

	Initial	Extraction
与同伴们一起进行篮球运动很快乐	1	0.714
父母支持参与篮球运动	1	0.696
父亲支持我参与篮球运动	1	0.798
母亲支持我参与篮球运动	1	0.705
父亲有参与篮球活动的习惯	1	0.756
母亲有参与篮球活动的习惯	1	0.614
课余时间进行篮球运动	1	0.883
篮球课堂教师进行篮球技能讲解	1	0.815
喜欢学校篮球教师	1	0.712
除去篮球课堂外，学校有其他篮球活动	1	0.735
在学校里，有教师带领参与篮球运动	1	0.758
学校内篮球硬件设施充足	1	0.712
课外活动中，篮球场地设备充足	1	0.635
家中附近有篮球场地进行篮球运动	1	0.625
受篮球明星的影响热爱篮球运动	1	0.701
球技高会受到他人的尊敬与欣赏	1	0.724
周边的同伴、朋友都在关注篮球运动	1	0.648
在放学后，有人带头进行篮球运动	1	0.753
家里有相关的篮球运动设备	1	0.687
通过节目倡导参与篮球运动	1	0.698
喜欢通过节目看篮球比赛	1	0.612
节目中的篮球比赛使自己热爱篮球运动	1	0.831
篮球运动有相关的政策指引	1	0.765
政府部门针对校园篮球出台了相关政策	1	0.772
篮球运动政策运动良好	1	0.703

表6-9 研究设计的因子载荷分析

研究设计变量指标	测量变量	因子载荷	结果分析
篮球价值观	篮球运动可以锻炼身体，健康成长	0.712	维度正确，2个可测量变量能够反映其因子
	篮球运动可以培养自身的团队合作意识	-0.623	
篮球兴趣	热爱篮球运动	0.655	维度正确，1个可测量变量能够反映其因子
青少年个人篮球运动基础	在篮球课堂外，利用课余时间进行篮球运动	0.616	维度正确，4个可测量变量能够反映其因子
	在篮球运动中，不畏惧于挫折，坚定信念	0.714	
	篮球技术水平技高一筹	0.735	
	对于篮球运动，自身懂得的知识高于其他人	0.765	
他人因素	篮球运动在比赛中容易受伤	0.668	维度正确，4个可测量变量能够反映其因子
	受到球技好的同学的影响	0.596	
	受到别人对自身篮球水平的赞赏	0.705	
	与同伴们一起进行篮球运动很快乐	0.693	
家庭影响	父母支持参与篮球运动	0.732	维度正确，5个可测量变量能够反映其因子
	父亲有参与篮球活动的习惯	0.714	
	母亲有参与篮球活动的习惯	0.609	
	父亲支持我参与篮球运动	0.808	
	母亲支持我参与篮球运动	0.798	
校园篮球活动	课余时间进行篮球运动	0.712	维度正确，2个可测量变量能够反映其因子
	除去篮球课堂外，学校有其他篮球活动	-0.741	
篮球教师因素	篮球课堂教师进行篮球技能讲解	0.723	维度正确，3个可测量变量能够反映其因子
	喜欢学校篮球教师	0.752	
	在学校，有教师组织参与课外篮球活动	0.616	
篮球硬件设施	学校内篮球硬件设施充足	0.635	维度正确，3个可测量变量能够反映其因子
	课外活动中，篮球场地设备充足	0.732	
	家里附近篮球设备完善	-0.652	

续表

研究设计变量指标	测量变量	因子载荷	结果分析
篮球运动社会关注	球技高会受到他人的尊敬与欣赏	0.563	维度正确，4个可测量变量能够反映其因子
	周边的同伴、朋友都在关注篮球运动	0.715	
	在放学后，有人带头进行篮球运动	0.695	
	家里有相关的篮球运动设备	0.703	
大众传媒	受篮球明星的影响热爱篮球运动	0.768	维度正确，4个可测量变量能够反映其因子
	通过节目倡导参与篮球运动	0.812	
	喜欢通过节目看篮球比赛	0.737	
	节目中的篮球比赛使自己热爱篮球运动	0.627	
制度政策	篮球运动有相关的政策指引	0.725	维度正确，3个可测量变量能够反映其因子
	政府部门针对校园篮球出台了相关政策	0.746	
	篮球运动政策运动良好	0.657	

通过表6－8和表6－9分析因子载荷分析，我们可以了解到，主成分荷载越高，则说明该主成分与该指标的相关度越高。通过数据分析，我们得出以下青少年校园篮球的因子模型，具体如图6－1所示。

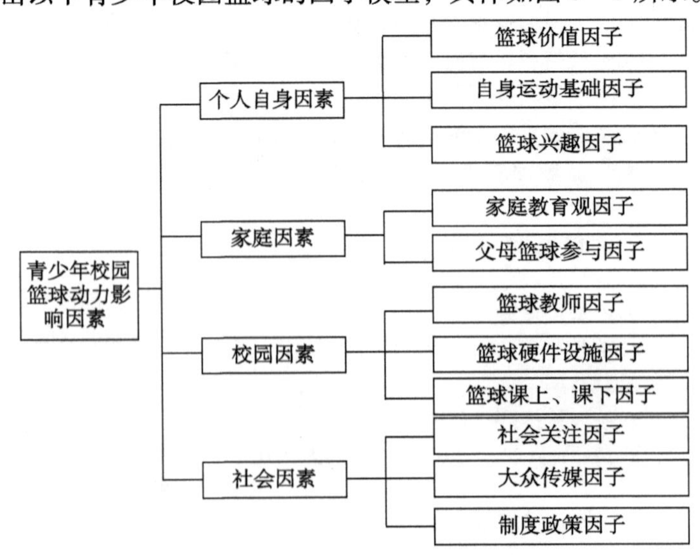

图6－1　青少年校园篮球动力影响因子

6.2 个人自身因素

6.2.1 篮球运动价值

在所有个人因素变量中，篮球价值有2个解释变量，即“篮球运动可以锻炼身体，健康成长”和“篮球运动可以培养自身的团队合作意识”。通过调查问卷，我们采用了“非常同意”“同意”“不同意”和“很不同意”表示其主观意见。通过表6－10可以看到，在“篮球运动可以锻炼身体，健康成长”中选择“非常同意”和“同意”的占总人数的62.5%，“不同意”和“很不同意”的占15.5%，对其表示模糊不清的也占到了总人数的22%。由此可见，大部分青少年个体还是比较认同篮球运动的健身功能。在“篮球运动可以培养自身的团队合作意识”中选择“非常同意”和“同意”的占总人数的55.2%，“不同意”和“很不同意”的占17.5%，对其表示模糊不清的也占到了总人数的27.3%。因此，篮球运动的价值对青少年个体参与到强身健体、健康发展和培养其团队合作意识有着重要作用意义。强身健体是青少年发展的本质需求，人只有健康地成长才能不断接受新鲜事物，参与到事物的发展中来。另外，篮球运动可以提高青少年个体的团结意识，增强学生的个人素质，培养学生的良好意志品德。

表6－10　篮球运动价值调查分析　　百分比/%

	非常同意	同意	一般	不同意	很不同意
篮球运动可以锻炼身体，健康成长	21.2	31.3	22	9.6	5.9
篮球运动可以培养自身的团队合作意识	26.5	28.7	27.3	10.3	7.2

6.2.2 青少年个人运动基础

在青少年个人运动基础方面，经过施测共有以下几个解释变量，分别是“喜欢参与篮球运动”“在篮球课堂外，利用课余时间进行篮球运动”“在篮球运动中，不畏惧于挫折，坚定信念”“篮球技术水平技高一筹”“对于篮球运动，自身懂得的知识高于其他人”。

通过表6－11可以看到，在“喜欢参与篮球运动”这个因素中，我们同样归类于篮球运动的兴趣。其中，选择“非常同意”和“同意”的占总人数的52.5%，“不同意”和“很不同意”的占15.5%，对其表示模糊不清的也占到了总人数的22%。由此可知，青少年篮球运动兴趣良好。其次，在“在篮球运动中，不畏惧于挫折，坚定信念”这个变量中，选择“非常同意”和“同意”的占总人数的71.3%，“不同意”和“很不同意”的占17.6%，一般的占11.1%。在“篮球技术水平技高一筹”中选择“非常同意”和“同意”的占总人数的50.3%，“不同意”和“很不同意”的占17.2%，一般的占22.5%。“对于篮球运动，自身懂得的知识高于其他人”解释变量中，选择“非常同意”和“同意”的占总人数的68.4%，“不同意”和“很不同意”的占18.6%，一般的占13%。

综合来讲，兴趣是参与青少年参与篮球运动的动力来源，要注重发展青少年参与篮球运动的兴趣爱好。另外，意志力是青少年参与篮球运动的重要保证，只有培养好青少年坚强的性格，才能克服一切困难障碍。最后，也要进行相应的技术练习，良好的技术能力是比赛运行的关键。

表6－11　青少年个人运动基础调查分析　　百分比/%

	非常同意	同意	一般	不同意	很不同意
喜欢参与篮球运动	21.2	31.3	22	9.6	5.9
在篮球课堂外，利用课余时间进行篮球运动	26.5	28.7	27.3	10.3	7.2
在篮球运动中，不畏惧于挫折，坚定信念	29.6	41.7	11.1	8.5	9.1
篮球技术水平技高一筹	23.2	27.1	22.5	9.2	8.0
对于篮球运动，自身懂得的知识高于其他人	20.4	48.0	13.0	10.2	8.4

6.3　家庭因素

家庭因素主要包含着父母的支持方面及其父母的篮球运动习惯。在父母对青少年篮球运动的支持方面，包含“父母支持参与篮球运动”

“父亲支持我参与篮球运动”“母亲支持我参与篮球运动”3 个变量。通过问卷调查可知，在“父母支持参与篮球运动”中选择“非常同意”和“同意”的占总人数的 76.2%，“不同意”和“很不同意”的占 8.5%，对其表示模糊不清的即一般占到了总人数的 15.3%。当然这里需要指出，父母的这种家庭教育态度只是局限于自己孩子在中小学时期，而到了大学期间，父母的态度却是任其自由发展。(表 6－12)

表 6－12 父母对青少年篮球运动的支持调查分析 百分比/%

	非常同意	同意	一般	不同意	很不同意
父母支持参与篮球运动	32.5	43.7	15.3	5.3	3.2
父亲支持参与篮球运动	33.6	42.5	17.2	4.2	2.5
母亲支持参与篮球运动	30.2	40.1	14.6	6.5	8.6

在父母的篮球运动习惯方面，包含“父亲热爱篮球运动”和“母亲热爱篮球运动”2 个变量。其中根据调查问卷，“父亲热爱篮球运动”中选择“非常同意”和“同意”的占总人数的 52.2%”，“很不同意”的和“不同意”的占 8.5%，一般的占 39.3%；“母亲热爱篮球运动”中选择“非常同意”和“同意”的占总人数的 46.5%，“不同意”和“很不同意”的占 10.7%，一般的占 42.8%。家庭因素也是反映青少年参与篮球运动的重要作用，父母双方通过自己对篮球运动的热爱传递给自己的孩子，这便形成了一种家庭观。这同样对孩子的篮球运动发展具有教育意义。(表 6－13)

表 6－13 父母篮球参与调查分析 百分比/%

	非常同意	同意	一般	不同意	很不同意
父亲热爱篮球运动	24.9	27.3	39.3	5.3	3.2
母亲热爱篮球运动	20.1	26.4	42.8	6.3	4.4

6.4 学校影响因素

6.4.1 篮球教师因素

通过表 6－14 可以看出，在“喜欢学校篮球教师”这个因素中，选择“非常同意”和“同意”的占总人数的51.3%，“不同意”和“很不同意”的占15.6%，一般的占33.1%。“篮球课堂教师进行篮球技能讲解”因素中，选择“非常同意”和“同意”的占总人数的69.3%，“不同意”和“很不同意”的占10.2%，一般的占20.5%。“在学校里，有教师带领参与篮球运动”这个因素中，选择“非常同意”和“同意”的占总人数的56.3%，“不同意”和“很不同意”的占18.5%，一般的占25.2%。总体上讲，学生对篮球教师的认可程度是较好的，但篮球教师也要加强自身的能力水平，在课堂上充分发挥学生的主观能动性，使其青少年个体更好的投入到篮球运动当中。学校也要重视其他教师的组织能力，充分利用学生的课余时间、场地因素进行相关的篮球运动，带动青少年篮球运动发展。

表6-14　篮球教师因素调查分析　　百分比/%

	非常同意	同意	一般	不同意	很不同意
篮球课堂教师进行篮球技能讲解	22.8	46.5	20.5	6.4	3.8
喜欢学校篮球教师	25.6	25.7	33.1	8.2	7.4
在学校里，有教师带领参与篮球运动	22.5	33.8	25.2	12.1	6.4

6.4.2　校园篮球活动因素

在“课余时间进行篮球运动”“除去篮球课堂外，学校有其他篮球活动”这2个变量中，“课余时间进行篮球运动”选择“非常同意”和“同意”的占总人数的54.3%，“不同意”和“很不同意”的占36.2%，一般的占9.5%。“除去篮球课堂外，学校有其他篮球活动”变量中，选择“非常同意”和“同意”的占总人数的38.8%，“不同意”和“很不同意”的占39.8%，一般的占21.4%。因此，目前学校缺少相应的篮球活动也是突出的问题，这必须加强合理的校园篮球发展规划，突出篮球活动来增强学生兴趣。（表6-15）

表6-15 校园篮球活动因素调查分析 百分比/%

	非常同意	同意	一般	不同意	很不同意
课余时间进行篮球运动	25.2	29.1	9.5	25.3	10.9
除去篮球课堂外，学校有其他篮球活动	20.3	18.5	21.4	23.6	16.2

6.4.3 篮球硬件设施因素

“学校内篮球硬件设施充足”“课外活动中，篮球场地设备充足”“家中附近有篮球场地进行篮球运动”这3个变量中，“学校内篮球硬件设施充足”这个因素中“非常同意”和“同意”的占总人数的57.8%，“不同意”和“很不同意”的占7.6%，一般的占27.2%。“课外活动中，篮球场地设备充足”这个变量中，选择“非常同意”和“同意”的占总人数的45.8%，“不同意”和“很不同意”的占38.6%，一般的占15.6%。“家里附近有篮球场地进行篮球运动”这个因素中，“非常同意”和“同意”的占总人数的49.3%，“不同意”和“很不同意”的占26.9%，一般的占23.8%。由此可见，场地因素以及环境因素是青少年进行篮球运动的充分保证，校园篮球运动中能保证长度资源的充足，就能保证青少年篮球运动的正常开展。另外，学校重视文化教育，尤其是在中小学，面临升学的压力，更多的课余时间学生都在学习中，因此必须注重青少年个体的身体健康及兴趣发展，使其将课余时间投入到篮球运动之中。(表6-16)

表6-16 校园篮球活动因素调查分析 百分比/%

	非常同意	同意	一般	不同意	很不同意
学校内篮球硬件设施充足	31.2	26.6	27.2	4.8	2.8
课外活动中，篮球场地设备充足	22.6	23.2	15.6	22.3	15.3
家里附近篮球设备完善	22.5	26.8	23.8	16.6	10.3

6.5 社会因素影响

6.5.1 制度政策因素

制度政策是社会各项机制运行的重要保障。从问卷调查来看，制度政策方面更包含“篮球运动有相关的政策指引”“政府部门针对校园篮球出台了相关政策”以及“篮球运动政策运动良好”3个变量。在“篮球运动有相关的政策指引”因素中，“非常同意”和“同意”的占总人数的53.2%，“不同意”和“很不同意”的占13.6%，选择一般的占总人数33.2%；在“政府部门针对校园篮球出台了相关政策”这个变量中，选择“非常同意”和“同意”的占总人数的60.2%，“不同意”和“很不同意”的占22.1%，选择一般的占总人数11.7%；在“篮球运动政策运动良好”这个变量中，选择“非常同意”和“同意”的占总人数的42.5%，“不同意”和“很不同意”的占37.6%，选择一般的占总人数19.9%。因此，从政府部门政策制度来看出台了相关的政策文件来促进青少年的发展，但是在制度运行当中，发展状况却是较为一般。(表6－17)

表6－17　制度政策因素调查分析　　百分比/%

	非常同意	同意	一般	不同意	很不同意
篮球运动有相关的政策指引	27.6	25.6	33.2	7.4	6.2
政府部门针对校园篮球出台了相关政策	36.2	24.0	11.7	15.3	6.8
篮球运动政策运动良好	26.2	16.3	19.9	21.5	16.1

6.5.2 篮球运动社会关注因素

“球技高会受到他人的尊敬与欣赏”中他人主要是指受同伴、同学以及自身周边的人。通过调查问卷得知，“非常同意”和“同意”的占总人数的50.5%，“不同意”和“很不同意”的占23.6%，对其模糊不清的占总人数25.9%。因此，提高青少年自身的球技在社会因素中同样起着重要作用。提高青少年个体的篮球技术能力，同样也有利于篮球运动的长期发展。“周边的同伴、朋友都在关注篮球运动”“在放学后，有人带头进行篮球运动”这2个因素主要是指青少年同伴、篮球参与者进行的篮球活动。“周边的同伴、朋友都在关注篮球运动”这个因素中，通过调查问卷得知，“非常同意”和“同意”的占总人数的46.5%，“不同意”和“很不同意”的占26.2%，对其模糊不清的占总人数27.3%；“在放学后，有人带头进行篮球运动”这个因素中，“非常同意”和“同意”的占总人数的52.5%，“不同意”和“很不同意”的占30.5%，选择一般的占总人数17%。因此同伴的影响因素对篮球运动来讲，同样有相关的作用意义，同伴的带动可以有效使青少年个体参与到篮球运动中，因此同样也要有效培养同伴之间的关系，使其共同促进、共同运动。(表6－18)

表6－18 篮球运动社会关注程度调查分析 百分比/%

	非常同意	同意	一般	不同意	很不同意
球技高会受到他人的尊敬与欣赏	22.3	28.2	25.9	15.6	8.0
周边的同伴、朋友都在关注篮球运动	28.5	18.0	27.3	14.4	11.8
在放学后，有人带头进行篮球运动	27.3	25.2	17.0	16.5	14.0
家里有相关的篮球运动设备	20.5	24.2	15.3	22.3	17.7

6.5.3 大众传媒因素

大众传媒是传递篮球运动发展最有效的动力因素，具有传递价值及其导向作用。在“受篮球明星的影响热爱篮球运动”这个因素中，通过调查问卷得知，“非常同意”和“同意”的占总人数的61.2%，“不同意”和“很不同意”的占23.5%，对其模糊不清的占总人数15.3%。明星效应是青少年参与篮球运动的重要推动力，树立榜样的力量有益于影响青少年的言行，因此要树立学生正确的人生价值观，在篮球运动中发挥积极作用。“通过节目倡导参与篮球运动”中，“非常同意”和“同意”的占总人数的60.5%，“不同意”和“很不同意”的占15.4%，选择一般的占总人数24.1%；“喜欢通过节目看篮球比赛”这个因素中，选择“非常同意”和“同意”的占总人数的67.2%，“不同意”和“很不同意”的占10.3%，选择一般的占总人数22.5%；在“节目中的篮球比赛使自己热爱篮球运动”中，选择“非常同意”和“同意”的占总人数的63.5%，“不同意”和“很不同意”的占8.5%，介于模糊概念的占总人数28%。因此，媒体对青少年参与校园篮球具有一定的导向意义。多在空余时间选择让青少年接触篮球运动的媒体，对其运动发展具有长远意义，但也要控制好其嗜好，把握好度的发展。（表6－19）

表6－19　篮球运动社会关注程度调查分析　　百分比/%

	非常同意	同意	一般	不同意	很不同意
受篮球明星的影响热爱篮球运动	32.2	29.0	15.3	13.2	10.3
通过节目倡导参与篮球运动	25.3	35.2	24.1	8.6	6.8
喜欢通过节目看篮球比赛	33.6	23.6	22.5	7.6	2.7
节目中的篮球比赛使自己热爱篮球运动	30.8	32.7	28.0	5.2	3.3

综上所述，我们通过调查问卷分析了相关数据，得出以下相关结论。第一，在青少年个人自身因素方面，篮球运动有益于提高青少年个体身体素质的全面发展，对青少年的强身健体具有重要作用。篮球运动的价值是青少年参与篮球运动重要动力。另外篮球运动技术也是学生个人方面动力来源，因此篮球技术的学习对青少年有重要意义。第二，从家庭因素来讲，家庭的教育观对青少年具有较强影响力，因此必须要树立起家庭的正确教育，减轻学生的学业负担。第三，从学校影响因素来讲，这主要包含学校篮球教师因素，培养其篮球教师的综合业务水平能力，使学生喜欢与拥护教师。另外学校要充分发挥学生特长，利用其课余时间投入到篮球运动中，减轻学生学业压力使学生充分享受其快乐从而健康成长。第四，要积极改善学校的篮球硬件设施。场地是学生充分进行篮球运动和上课的保证，缺少相应的篮球设备则会影响学生的积极性和技能学习，很难促进篮球事业的未来发展。第五，从社会层面来讲，社会因素主要包含制度因素，大众传媒因素，有同伴进行篮球运动以及篮球明星的榜样作用，其中政策制度是青少年校园篮球的保障。媒

体因素通过其电视、网络进行相关篮球赛事转播，大众媒体对青少年参与篮球运动的宣传有促进作用，因此要注意引导大众媒体对篮球相关报道的倾向。同伴带动其篮球活动更容易使青少年个体获得兴趣，要在生活中相互支持、相互促进，促进同伴间的关系发展。篮球明星的榜样作用可以促进青少年个体的模仿、篮球技能的学习欲望，通过明星效应来发展青少年对篮球运动的热爱和价值观。

7 构建我国青少年校园篮球运动发展的动力机制

促进青少年校园篮球运动的发展，保证篮球运动的持续性机能，这便需要动力机制来维系其正常运行。动力机制需要按照事物发展的一般规律，因此这便要合理把控其适度性，动力有 3 种类型，即动力不足、动力过度和适度动力，三者的分界点就是一个字“度”，适度动力也是相对前两者而言的。如果一个事物发展的动力不足，就会难以启动，难有量变，更别提质变，先前的发展也会减缓，甚至停滞倒退；而如果动力过度，超过人们对其掌控的能力，那么就会出现超前跨越性发展，违背正常的发展规律，造成该事物本身出现震荡，和周边有联系事物的矛盾和冲突加剧，最终导致该事物因过度发展而物极必反〔1〕。在青少年校园篮球发展事业上，其动力机制也要进行合理调控，建立“个人—家庭—学校—社会”动力模式理念。因此，构建青少年校园篮球动力机制，促进其持续性发展，对篮球事业的发展有着重要意义。

7.1 构建我国青少年校园篮球运动发展的动力机制的模型和动力系统

7.1.1 构建我国青少年校园篮球运动发展的动力机制的模型

青少年校园篮球动力机制，既是一种青少年学生参与篮球运动的动力，又是学生维护自身健康和满足篮球事业发展的动力源头。通过构建

〔1〕 高泳．我国青少年体育参与动力机制研究——以河南省为例［D］．北京：北京体育大学，2013.

动力机制从而获得最佳的校园篮球发展理念。从郑杭生的社会运行动力机制理论得知，动力机制包括动力结构和动力运作过程手段，人的需要是动力源，动力结构包括外围结构和内核结构，外围结构包括动力主体、动力受体、动力传导媒介，内核结构包括动力源、动力方向、动力存体和动力行动，动力运作过程手段包括动力源开发、动力转化、动力培育、动力分配和动力监控反馈5个环节。对青少年校园篮球动力机制来讲，亦是如此。青少年校园篮球动力机制的发展是以青少年学生的参与篮球运动为核心，诸如其他因素，则以其他形式加以辅之。本研究根据青少年校园篮球动力机制的特殊性，对上述的动力机制进行修改和补造，青少年校园篮球动力机制主要包括动力机制结构、功能和运作过程手段。其模式结构如图7-1所示。

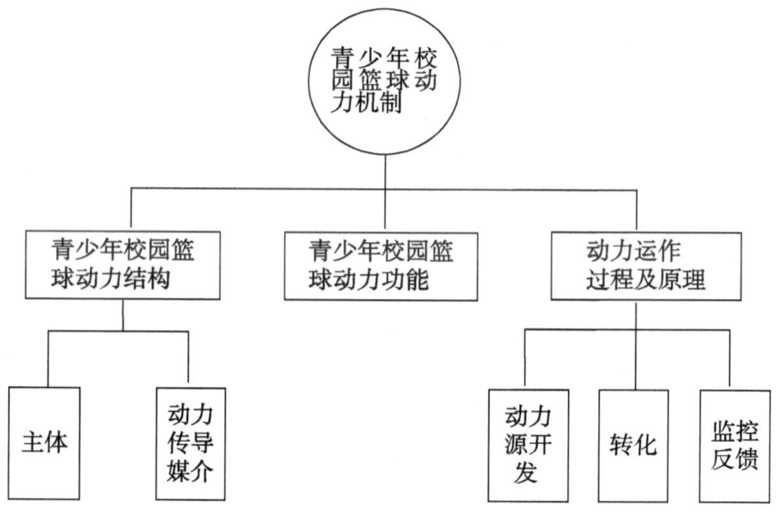

图7-1　青少年校园篮球运动发展动力机制模型

如图7-1所示，在上述模型中，各个系统模块的功能以及与其他功能系统的关系描述如下。

7.1.1.1　青少年校园篮球动力结构

动力机制是由其结构、功能及要素3部分组成。结构是衔接功能及要素的重要组成部分。青少年校园篮球动力机制的动力结构通过青少年发展篮球运动为动力之源，在主体层次间进行相关的运行与发展，从而满足其主体间的需要。

(1) 青少年校园篮球动力主体

郑杭生在《社会学概论新修》一书中对动力结构进行了相关概述及划分，其中动力主体是动力结构中外围组成部分，主要包含着微观层次、中观层次和宏观层次。在青少年校园篮球动力机制发展中，微观层次即是指青少年个体；中观层次可指校园、家庭为主的群体；宏观层次是指以国家社会为主的主体。青少年校园篮球动力主体主要是指动力开发的个体、群体以及高层面的主体。

青少年个体属于校园篮球运动发展最微观的主体，满足青少年个体篮球运动发展的需要是其根本原因，也是校园篮球运动发展的动力之源。青少年想进行篮球运动是其发展的天然动力，也是满足其需要的驱动力。对于现阶段的青少年个体来说，缺乏篮球锻炼、对篮球运动缺乏兴趣、篮球技能水平较差是存在的主要问题。究其根本原因，主要还是在于校园篮球运动的参与性不足，青少年参与篮球运动是校园篮球运动发展的原动力。从目前青少年校园篮球的发展中，从问卷调查和访谈中得知，青少年个体在校园篮球运动发展中存在较多因素的制约，青少年在发展篮球运动中对篮球运动的喜欢程度、同伴的参与、家庭对孩子参加篮球运动处于观望状态、学校篮球运动的开展情况、篮球教练员的业务水平都是其因素。另外，青少年的身体状况和学习情况是在调查与访谈中特别提到的问题，家长或者学校总以担心青少年在运动中受伤或者影响孩子学习为由而不支持其参与篮球活动。从目前教育发展现状来看，考试升学依旧是青少年个体去奋斗的目标，应试教育主导背景下校园篮球得不到有效发展也是不可忽略的现实。因此，在青少年个体必须重视其个人思想、升学、伤病等问题的影响。

家庭、学校因素是影响青少年参与篮球运动的动力主体主体。作为中观的层次，家庭与学校是对青少年影响最大的环境和场合。家庭、学校所属人的本身的各种复杂需要是青少年群体最基本的原动力，篮球运动在这种最基本的原动力中所占的地位，决定着群体对青少年校园篮球的支持或反对及影响力的大小。校园与家庭对青少年个体篮球运动的支持程度是青少年校园篮球运动发展的关键。因此，满足家庭与学校这一主体人群的需要是青少年参与篮球运动的关键所在。家庭、学校这一主体层次主要负责人主要是家长、教师。从问卷调查和访谈中得知，家长方面，受以后生活物质资源利益的驱动力，更多的是希望青少年个体能够好好学习，考取好的学校，而目前校园篮球发展好坏却并不能满足学生升学方面的需要。但从另一角度来讲，家庭在精神生活方面同样追求健康、快乐和睦的幸福生活驱使，因此篮球运动的需要也自然受到家庭支持，篮球运动同样能够使孩子获得健康成长，共同参与也会使家庭生活融洽，所以家长也会支持孩子进行相关的篮球活动。教师这方面，主要包括班主任和篮球教练员。在班主任这一层面上，作为学校的发展来讲，受制于应试教育主导，提高升学率是学校的主要动力，所以学校迫于现实压力更多地注重学习的发展，从而忽略校园篮球运动的发展。另外一点也是学校因素存在的问题，篮球运动易受伤，伤病因素是学校开展篮球运动易出现的制约因素。最后则是地域方面的差异方面问题。物质资源不能有效保证，在相对贫弱的地区硬件设备匮乏，缺少专业的篮球教练员也是其问题所在。在篮球教练员方面，指导水平理念不一，有些篮球教练缺乏上进的动力，缺少追求，也是难以产生篮球运动发展的需要。

国家政府层面是青少年校园篮球动力发展的重要动力主。相对来讲，随着社会经济层面的不断提升，社会对篮球事业的发展越来越重视。无论从人们追求的健康角度、娱乐角度还是篮球产业角度来讲，篮球运动更是在社会发展中受到大众关注。青少年校园篮球作为其篮球事业发展中的基础成分，很自然地受到社会阶层的关注与支持。在当今经济市场的不断深入改革，素质教育在校园中不断推行与发展的背景下，不可否认的是应试教育依然是当今教育的主导，校园篮球更是在某些区域难以得到发展与提高。因此，这便需要政府机构部门以及社会阶层对校园篮球提高关注与支持，使其得到保证和良好发展，这是校园篮球开展的动力之源。从另一方面来讲，社会动力系统与其他系统存在着一定关联，社会动力如果投入加大，则会自然地带动物质资源系统的提高，学校篮球的参与程度也会高涨蓬勃，相应的篮球绩效得到好的结果，最终监控评价机制得到正面反馈，呈现正能量的青少年校园篮球发展趋势。

（2）动力传导媒介

媒介就是动力传递的平台和载体。青少年校园篮球动力传导媒介是指校园篮球动力从一个动力主体传到另一个动力主体的渠道，也是校园动力积累、贮存、递增、可持续发展的主要凭借之一，这种传递既可以在同一层次青少年校园篮球动力主体间横向进行传递，也可以在不同层次主体间纵向传递交流，它能把宏观、中观和微观 3 个层次的校园篮球动力整合为促进青少年校园篮球的整体动力。动力传导媒介主要有利益、文化、信息传导3种类型[1]。

利益方面即是指在青少年校园动力机制中建立相关的利益导向，以利益为出发点从而满足青少年学生参与到篮球运动中，利益是事物发展的重要推动力。现阶段篮球在校园发展如何？其利益如何在动力主体中进行传导？通过调查与访谈可以了解到，现阶段青少年校园篮球参与度相对较广泛，但是社会支持度相对较低，学生参与到篮球运动中更多的是一种兴趣。所以，建立相关的利益导向作为动力传导，这便有利于发挥青少年个体和校园及家庭的主观性。这种利益导向可以包含建立青少年篮球联赛，通过外界的物质资金投入，发挥青少年学生的积极性；另外利益导向还包括建立校园环境，加强校园篮球硬件设施，创造青少年学生篮球活动的空间，或是借鉴校园篮球的发展模式理念，将足球纳入中小学升学的考试当中，发挥学生参与校园篮球的积极性。利益导向是解决青少年个体、校园家庭及国家社会层面的实际需要，因此要借以利益来进行疏导与沟通，而非强制性实施相关政策来进行解决。

青少年校园篮球文化是指精神层面的文化，主要是指价值观、人的信仰、道德等意识形态。青少年在校园篮球的发展中，主要包括对篮球运动的认识、感情、规范等。文化是发展人类自身需要的组成，有着重要的意义与价值。据了解得知，在当今篮球发展阶段，我国篮球事业最为缺少的便是文化精髓与文化氛围。在校园篮球的开展过程中，大多数学生在参与时很难聚合成篮球氛围，有时也会因简单的口舌之争而酿成事故，所以篮球发展在学校存在相对的弊端。另外篮球的发展在中小学校园很难得到相对的保证，其很大原因也是在于社会没有形成对校园篮球运动发展的规范，社会对校园价值更多的理念是在于提高升学率，提高青少年的文化成绩。因此这种社会文化的价值理念很难得到有效解决，很难得到向前发展的驱动力。

信息作为动力主体的传递方式，指在动力主体间相互传导与联系。青少年参与校园篮球，一部分的原因也在于电视、广播等媒体影音的宣传和观赏价值。目前阶段，青少年校园篮球发展也是通过信息来进行传递，政府社会机制部门通过广播、指令等形式传递给家庭、校园；家庭

---

〔1〕 高泳．我国青少年体育参与动力机制研究——以河南省为例［D］．北京：北京体育大学，2013.

口头表达给青少年个体，校园多采用广播、文件等形式传给学生。但随着科技的发展，媒体的发展也逐渐多样化，如何创新、有意识地将篮球多样化信息传递给学生，这需要长期不断的发展。

7.1.1.2 青少年校园篮球动力功能

动力机制的功能主要是指为事物的运行提供适当动力，既应该发挥主体的主观能动性，又能满足事物发展的一系列需要。从青少年校园篮球发展动力来讲，其功能就是为青少年篮球发展提供适度的动力，促进其可持续性发展，加强一系列客观需要，使青少年学生参与到校园篮球运动中来，最后为青少年校园篮球发展起到保障作用。但另外一点，提供青少年校园篮球动力的同时要把握好“度”的衡量，动力提供过量，则会超出事物发展的本身，得不到有效控制；动力提供不足，则起不到运行的效果，在事物中得不到实际应用。青少年参与篮球运动，必须满足青少年个人的发展需要。因此，校园篮球的发展运行必须依据青少年的健康发展与增强兴趣，同时又能很好地满足社会机制发展需要。

7.1.1.3 青少年校园篮球动力运作过程及原理

社会运行的动力运作过程主要是由动力源开发、动力转化、动力培育、动力分配、动力监控反馈 5 个环节组成〔1〕。其动力机制的运作过程主要是发挥动能机制，提供相适应的动力，最终促进动力的发展。青少年校园篮球的动力机制根据其特性，主要是青少年校园篮球的动力源开发，青少年校园篮球动力转化和青少年校园篮球动力反馈机制。

青少年校园篮球动力之源的开发即是指满足青少年个体参与篮球运动的一切需要。现阶段青少年校园篮球发展的过程当中，动力源的开发主要是 3 个动力主体间的内在需要。因此，如何满足动力主体的需要呢？这便需要相关的利益、文化等措施手段来激发青少年个体、家庭校园以及国家社会的价值认同。对当前青少年个体来讲，动力源主要存在于对篮球运动的兴趣以及对篮球明星的崇拜；家庭来讲，则主要是通过篮球运动可以使其孩子健康成长，培养技能；校园方面，动力源是通过篮球发展，建立特色一流学校、增强学生体质；国家社会层面，则是动

---

〔1〕 高泳．我国青少年体育参与动力机制研究——以河南省为例［D］．北京：北京体育大学，2013.

力发展需要全面的人才，为篮球事业发展鉴定坚实的基础。

青少年校园篮球动力转化主要是指青少年学生参与校园篮球潜在的状态转化为实际状态，将未来可能发生的事情转化为实际发生的事情。青少年在成长阶段，对很多事物的发展都有兴趣和好奇心，篮球运动亦是如此。因此，如何将青少年学生对篮球运动的好奇心转化为动力，这必然需要动力机制的转化。相对于政府、社会来讲，建立相应的篮球制度、人才培养机制，提高对篮球项目的关注程度。对学校来讲，学校要激发学生的篮球运动欲望，多建立相应的篮球赛事，并建立相关的奖励机制。青少年学生个体则要建立满足其自身篮球运动需要的一系列相关需要，如场地硬件设施、篮球运动技能方面的提升等等。另外在相关的高校也要建立相关的篮球运动人才选拔机制，只有提高学生对篮球积极性的因素，才能将青少年学生的欲望转化为发展动力。当然转化机制也要把控好“度”与“量”，如校园方面过度地重视篮球也会激发起青少年个体学生的厌倦，青少年学生花费过多时间追求自身技术完美也会引起对学习方面的影响。另外动力转化方面，需要一系列物质资源保障机制，物质资源保障机制是青少年校园篮球运行的物质基础保障。从目前来讲，我国青少年校园篮球的总体发展水平一般，其中一部分原因也归咎于校园篮球设备的不完善，相应的篮球硬件设备匮乏从而导致目前青少年篮球发展的局势。另一部分来讲，在我国青少年校园篮球比赛缺失也是制约篮球发展的一大因素。较之于欧美篮球强国，青少年校园篮球系列赛事是其职业发展的重要组成基础，经费资源不足、缺乏物质保障也是限制我国青少年校园篮球发展的重要原因。物质资源保障系统是联系社会动力与校园篮球的组成成分，社会动力的发展，一部分也包含了物质资源的投入程度，决定着社会的关注程度与校园篮球事业的发展。

监控评价机制是对青少年校园篮球动力机制的有效监督与反馈，是对工作绩效的有效评价。青少年校园篮球的绩效，是其动力机制运行的实际成果，是青少年在校园参与篮球运动、发展动力机制的具体体现。青少年阶段校园篮球发展的根本目的是发展青少年篮球人口，改善和培养青少年学生对篮球运动的意识及兴趣，建立我国篮球事业崛起的坚实基础。因此，校园篮球工作的绩效可以有效评估校园篮球的开展情况，并且针对一系列工作成果进行相应的反馈与调节。另一方面，校园篮球工作绩效系统也是其他诸类系统的有效反映，比如物质资源投入到位、校园篮球人口参与程度大，都会提高校园篮球的工作绩效事物的长期发展，需要不断总结与再认识。青少年校园篮球的提高，需要各类机制不断整合并加以完善。校园篮球动力发展足，则会形成良性循环，有利于长期发展；发展程度低，则会恶化事物过程，不利于今后校园篮球的工作开展。科学、规范、有序的校园篮球发展是确保动力机制完善的必要条件，监控评价机制则是青少年校园篮球动力机制的必要手段，是提高工作绩效的重要保证。现如今的工作都很重视监控与评价。所谓监控评价是指根据预定的标准，采用一定的手段，对工作的准备、过程、结果等各个环节进行监督、检测和调控，对出现的偏差及时进行纠正，对出现的问题及时进行解决[1]，以确保校园篮球发展的质和量都达到预定的标准，提高当代青少年校园篮球动力机制有效性的实践活动和行为。

7.1.2 我国青少年校园篮球运动发展的动力系统

青少年校园篮球运动发展的动力机制具体可以概括为推动青少年参与校园篮球的行为发生发展的各种力量及其运作过程。动力是指推动事物发展的各种力量。从动力系统来讲，动力机制主要是指推动事物发生、发展的各种力量，以及这些力量作用的方式和效果，包括动力结构、动力功能和动力作用过程及原理。因此，青少年校园篮球的动力机制具体可包含校园篮球运动的动力机制结构、功能以及作用过程及原理。动力机制结构具体可以分为个人层次、群体层次和宏观层次。个人层次是指青少年个人因素，群体层次主要是指家庭、校园对青少年群体的因素，宏观层次主要则是指国家、社会因素。动力机制结构又包含动力传导媒介，主要形式是以利益、文化和信息 3 种传导形式。

动力机制的功能主要是指为事物的运行提供适当动力，既应该发挥主体的主观能动性，又能满足事物发展的一系列需要。从青少年校园篮球发展动力来讲，其功能就是为青少年篮球发展提供适度的动力，促进其可持续性发展，加强一系列客观需要，最后为青少年校园篮球发展起到保障作用。动力机制的运作过程与原理是指在青少年校园篮球发展的过程中，对校园篮球动力进行一系列的开发、转化与监控评价，满足青少年发展篮球运动的需要。

对应下述青少年校园篮球动力机制模型的 3 个子系统，在框架选择

---

〔1〕 郑杭生．社会学概论新修［M］．第 3 版．北京：中国人民大学出版社，2003.

上，分别构建了二级指标与相应的三级指标。在指标的选择上，主要依据是根据定性分类与合乎满足青少年校园篮球需要的机制来进行构建。从社会学的角度分析，郑杭生认为社会运行机制是指人类社会在有规律的运行过程中，影响这种运动的各组成因素的结构、功能及其相互联系及这些因素产生影响、发挥功能的作用过程和作用原理。简要地说，也就是社会运行“带规律性的模式”。另外根据郑杭生的社会运行动力机制理论，动力机制包括动力结构和动力运作过程手段。人的需要是动力源，动力结构包括外围结构和内核结构，外围结构包括动力主体、动力受体、动力传导媒介；内核结构包括动力源、动力方向、动力存体和动力行动，动力运作过程手段包括动力源开发、动力转化、动力培育、动力分配和动力监控反馈5个环节〔1〕。（图7－2）

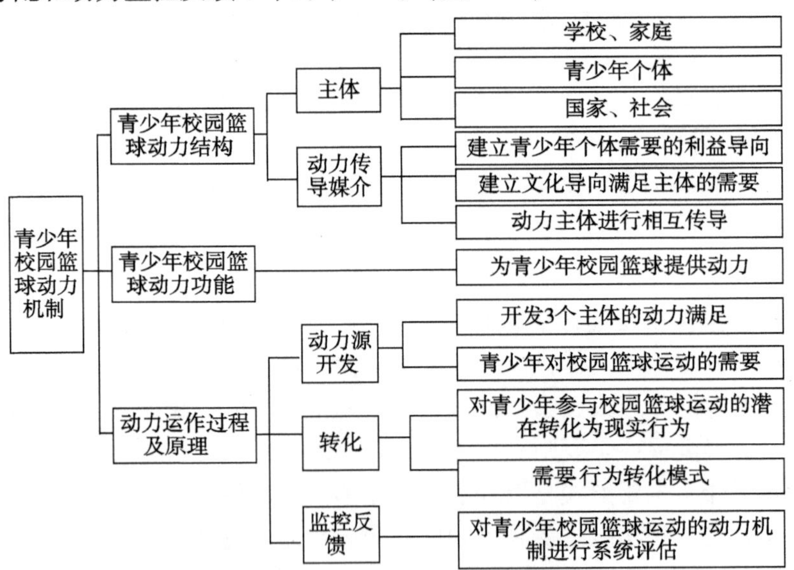

图7－2　我国青少年校园篮球运动发展的动力系统

从青少年校园篮球动力机制上来说，根据其特点因素，动力机制的结构主要可包含动力主体和动力传导，动力主体即是青少年个体、校园家庭以及国家社会3个层面。动力传导方面主要有利益、文化及信息3个方面，通过建立合乎青少年发展的利益导向来满足动力主体；通过建立文化导向来改变动力主体结构；通过信息对动力机制结构进行动力信

〔1〕 郑杭生．社会学概论新修［M］．第3版，北京：中国人民大学出版社，2003.

息传导。青少年校园篮球的动力机制功能主要是指开发与提供校园篮球运动的动力发展，满足青少年群体的需要。青少年校园篮球的动力机制运行过程主要包含动力源的开发、动力转化以及监控评价机制。人的需要是动力源头的根本，因此动力源的开发主要包含了对3个层面主体的满足情况，再者是青少年群体对校园篮球发展的动力满足情况；动力转化是指将青少年对篮球运动一系列潜在的状况因素转化为现实状态；最后则是通过监控评价机制对其进行监控测评，对出现的问题进行调节反馈，从而建立合乎青少年校园篮球运动发展的动力机制。

7.2 我国青少年校园篮球运动发展的动力因素

动力因素简单说是指推动或者拉动事物发展的某种力量或者某些力量的集合。校园篮球发展的主要目的是指发展青少年的体质健康，发展其技术能力，培养篮球后备人才并为我国篮球事业的发展奠定基础。篮球后备人才是指具备一定篮球运动天赋，经过系统的训练后，可能对篮球的发展做出贡献的运动员[1]。因此，如何促进校园篮球的运动发展，这便需要相关动力因素的支持。青少年校园篮球动力发展的因素主要包含直接动力因素和间接动力因素。青少年校园篮球的直接动力是指青少年根据自己的主观想法去认识篮球运动，使之参与进来形成良好的篮球发展模式。其直接动力影响因素概括如下。

7.2.1 青少年个体因素

7.2.1.1 青少年个人篮球运动基础

青少年个体动力主要是指青少年的兴趣与爱好。青少年校园篮球的发展，最直接的动力来源便是学生内心的主观因素。主观是意识，就是自己的个人因素客观是事实，是某件事情发生的物质条件。学生的主观因素大体可以分为认知、情感、意志以及个性等因素。因此，针对青少年校园篮球来讲，发展篮球运动最为直接的因素便是青少年个人的运动

〔1〕 杜力萍. 对我国篮球后备人才培养新途径的实证研究［J］. 中国体育科技，2008，44（4）：48－51.

基础。这首先便是学生喜欢参与篮球运动。兴趣是学生参与篮球运动的重要动力，是青少年个体对篮球运动项目主观意向的表达。只有充分挖掘青少年个体的兴趣，篮球运动才能更好地有学生基础，才能促进篮球运动的可持续发展。其次，青少年对篮球运动要有遇到困难坚持到底的信心和动力。篮球运动参与的过程中，青少年个体都会遇到相应的困难亦或是挫折，如学校或者家庭附近缺少相关的篮球场地，气候等外界因素的干扰，青少年担心在篮球比赛中受伤等等。有些因素的不可控制性易造成参与篮球运动的青少年个体意志不坚定，因此面对此现状，青少年需建立良好的心态，在篮球运动中亦要有克服困难的勇气和动力，这也是青少年校园篮球运动发展的直接动力。再次，青少年个体的篮球技术能力是其发展篮球运动的中重要动力。学生技术能力的优越性可以去充分表现自己，在比赛中也会使同伴产生依赖与信任，从而在心理层面上使运动员充满信心与动力。因此，青少年个体篮球技术水平的强弱有益于篮球运动的长期发展，使其投入到其中产生相应动力。

7.2.1.2　青少年篮球价值观

篮球运动可以促进人的健康发展，无论是在身体上还是在心理上。参与篮球运动都会使人产生运动价值。篮球运动易于开展，场地设施要求又极为简单。作为国际指定的三大球之一，篮球运动在长期的发展中有着重要的作用与意义。篮球运动的开展既有益于人们强身健体、促进健康、增进友谊、加强友好交往、加深人们之间的了解，又能丰富人们的业余文化生活，振奋精神．从而提高劳动、工作和学习的效率。它对人们具有较大的吸引力〔1〕。篮球价值观也是青少年校园篮球运动发展的直接动力。对校园篮球来讲，其功能价值主要体现在以下方面。

首先，篮球运动有益于提高青少年的身体素质。篮球运动的技术组成包含着跑、跳、投等技能，长期的发展可以使学生在身体的速度、力量、耐力等方面有较大提升，并使人体机能得到健康发展。基于此青少年个体在发展篮球运动中有着积极动力。其次则是篮球运动可以提高青少年个体的团结意识，增强学生的个人素质，培养良好的意志品德。篮球运动是团体对抗项目，在比赛中有强烈的对抗性与观赏性。队员之间

---

〔1〕 迪力夏提，买买提．浅析篮球运动的普及在“全民健身”中的作用［J］．新疆师范大学学报：自然科学版，2007，26（3）：353－355.

的竞争对抗激烈，团队配合意识强烈，这在无形之中也增加了运动员之间的团队意识和勇于拼搏的进取精神，胜利或是失败都使青少年个体从中得到收获或是快乐。篮球运动的团体价值不光只是静态的本质，更是动态的应用〔1〕。最后则是校园篮球运动的发展可以为竞技篮球的发展提供后备人才。竞技篮球的发展背后，有着群众篮球的发展作为支撑，校园篮球也是如此。竞技篮球的发展与校园篮球发展相辅相成，校园篮球的发展得以为竞技篮球发展奠定基础，输送优秀后备人才；而竞技篮球的辉煌发展则可以激励青少年学生投入到篮球运动中去，从而使青少年个体喜欢篮球运动项目，因此竞技篮球发展需要优秀的后备人才，这也是青少年想参与到其中的直接动力来源。

7.2.2 社会动力因素

社会动力的因素主要是政府、政策的支持以及社会对校园篮球发展的关注程度。校园篮球参与的对象是指青少年学生，只有满足学生个体利益的需要才可以使篮球运动得到有效发展。第一，从高校校园篮球竞技发展中来讲，篮球运动的发展缺少相关的竞技理念，竞赛组织机构不完善，竞赛组织形式单调，经费不足。这很难形成高水平的篮球专业队伍，青少年篮球水平很难得到有效的提高。第二，从高校篮球发展的后备人才体系来讲，我国竞技篮球后备人才的培养模式一直是基层体校—业余体校—省（市）专业队的人才培养模式，即“三级网络培养”模式〔2〕。对篮球运动发展来讲，这种发展理念确实促进了相关的竞技水平提高，但过分地追求竞技水平却不得不忽略了文化水平的增长，文化知识是学生在校期间追求的需要，相关的知识水平提高也是青少年篮球运动员理解篮球战术思维取得更大进步的保障。这对青少年校园篮球动力发展也是一制约因素。第三，高校校园篮球的价值挖掘程度较低。通过调查分析得知，大多数的青少年学生把篮球理解为一门有其自身技术的项目，并且有健身功能的作用。但从另一方面，在精神和心理上有着

---

〔1〕 Claudia L, Kernan P. Becoming a team: Individualism, Collectivism, Ethnicity, and Group Socialization in Los Angeles girls' basketball [J]. Intergroup Relation in Girls' basketball, 2005, 33 (4): 542-565.

〔2〕 杜力萍. 对我国篮球后备人才培养新途径的实证研究 [J]. 中国体育科技, 2008, 44 (4): 48-51.

怎样的作用，这些都是值得大学生深思的。篮球运动的价值还是有待进一步挖掘的，只有真正认识到篮球运动的价值，才能真正全身心地投入到篮球运动的发展中去〔1〕。第四，就是校园篮球文化的缺失。当今高校篮球，比赛中总会出现口角，甚至为比赛而大打出手，这严重影响了篮球价值之中的道德规范。篮球作为一个团体性项目，需要的是各方面的团结合作，队员与队员之间的紧密交流，因此形成一种文化价值体系是精神层面取得健康发展的重要保证。

中小学校园篮球的发展从目前现状来讲也存在较多制约因素。第一，便是校园篮球发展与文化教育的冲突，随着社会经济的不断提升与发展，素质教育不断被社会所接受与实施。但不可否认的是升学是衡量与评价学校综合实力的平台与指标，因此基于学业形势下，篮球运动便很难在学校得到发展和提高。第二，中小学校园篮球在竞技方面有所欠缺。我国高校的篮球比赛有 CUBA、大超等形式，但在中小学校园内，这样的比赛形式确是寥寥无几。究其原因，除社会、政府缺少相关重视之外，更重要的原因是经费资源短缺、升学压力大等因素，这便很难形成很好的动力发展。第三，中小学学生个体缺少相关的利益保障。现如今中小学无论在中考还是高考都加入了篮球加分政策，所以篮球课程的重视程度相对得到增加。目前青少年校园篮球的发展在某些区域中已引入到了中考的考试中，但篮球却并未得到相关的利益政策，因此青少年个体相对参与的动力性不足。

社会动力机制的运行主要是针对以上出现的问题进行相关的参与并且进行针对性的措施。目前校园篮球的参与性不足并未得到社会层面的广泛关注，这也造成了目前校园篮球的相关盲区与弊端。首先，在竞技层面上，社会要坚持教育与篮球相结合的发展理念，并以此培养篮球后备人才，这便需要当地教育部门和篮球部门的共同扶持。其次，政府每年要建立相应的财务制度，为青少年篮球建立相应的利益保障，提供物质基础。这主要包括对相关的篮球教练员进行定期培训；提供更多的比赛机会，对青少年进行锻炼与提高。

物质资源是指为青少年校园篮球发展提供相应的资金与支持。现阶段校园篮球发展中，通过访谈与了解得知，在相关的区域内，场地硬件

〔1〕 庄志彬．高校篮球运动可持续发展研究［J］．长沙铁道学院学报：社会科学版，2014，15（1）：122－123.

设施不足，青少年参与的资源得不到有效保障；相关的篮球运动员在比赛期间得不到有效利益保证，因此这些因素直接限制了青少年校园篮球运动的发展。

物质资源保障资源在青少年校园篮球的发展中作为直接参与的动力，主要途径包括以下几方面：第一，是需要政府机构的直接投入，政府通关相关政策对校园篮球的发展提供相应的动力支持，发展校园的硬件设施，给予学生充分的场地空间。第二，通过培养教练员和建立相应的比赛使其运动员能够得到物质资源保证。第三，物质资源的保证需要企业的支持参与，通过企业与校园的结合一方面来宣传企业文化，另一方面则是培养运动员对比赛的积极性。第四，则是通过学校的资金支持来满足校园篮球运动的发展，充分调动学生的积极性从而投入到校园篮球运动发展中。

随着竞技篮球的盛行与发展，篮球运动的竞技发展主要包含着奥运会、世界杯、各大洲的锦标赛事等。其中，最具有观赏价值的赛事莫过于美职篮，即 NBA。中国拥有庞大的篮球球迷基础，国际调查机构数据表明，中国有 97% 的 12 岁 ~18 岁孩子喜欢打篮球和看篮球，篮球用品也是销量最高的篮球产品，NBA 和 CBA 热门比赛的转播甚至超过 3 亿观众。截至 2015 年，中国国内有 6 亿群众至少观看过一场 NBA 的比赛。由此可见，我国对篮球项目的认可程度是非常高的。随着竞技篮球的观赏价值越来越大，其传播手段主要可以通过电视、网络、报纸等媒体进行相关报道。对校园学生来讲，校园篮球才是中国校园篮球发展的根基与未来。大多数喜爱篮球的青少年个体都把技术能力强的职业运动员视为自己的偶像，这种榜样的力量也促使青少年个体参与到校园篮球的发展中去，使“校园篮球”撑起中国篮球事业发展的一片天。

7.2.3 校园动力因素

校园篮球课堂是青少年校园篮球动力机制的出发点和归宿。人的需要是动力发展的源泉，青少年篮球发展的需要则是校园篮球的动力核心组成。从目前来讲，校园篮球系统存在着众多制约因素，首先，是校园篮球课堂的重视程度低，这与学校的升学有一定关联。其次，是校园篮球课堂中学生对教师的喜欢程度。性格是学生天然的本性，课堂教学中学生的对篮球教师的性格亦或是情绪都会影响到学生对篮球运动的积极性。因此篮球教师的执教风格会使学生产生一定的心理作用。再次，是校园篮球发展中资源设施的不足，一方面显示为篮球教师不均衡。在相对一些农村篮球课堂，篮球教师资源短缺，甚至也存在文化课教师带篮球课堂，以致使校园篮球发展给予不了学生发展的动力。另外则是存在篮球器材不足的现象。硬件设施的不足直接导致了学生对篮球运动的热情，使其动力下降。最后，对学校教育与训练来讲，学训冲突造成了篮球发展的弊端，重训练轻文化致使队员的知识理论水平低，从而在长期的篮球发展中得不到有效提高。

校园篮球课堂是学生参与篮球运动最基本的动力来源，因此建立校园动力的来源主要在于校园篮球课堂的开展情况。建立良好的校园篮球发展，首先要改善校园良好的运作环境，加强校园的物质资源设施保证。加强边远农村篮球教师的利益保障，另外政府与社会应给予校园篮球发展更多关注与投入，增强其场地硬件设施的建设，让青少年个体投入到快乐篮球运动中去。其次则是要多给予青少年学生关注，学校充分尊重青少年学生意见，学校可定期对学生意见进行反馈与调查，对篮球教师进行相应的谈话或是培训，保证学生在篮球课堂中得到技术与健康的发展。另外学校要充分发挥主观能动性，多开展相应的篮球活动，建立有特色的篮球运动来提升学校的知名度。最后则是要解决好体教结合的问题，让教育与训练相结合，协调好训练的时间，改变青少年运动员个体想法，使其投入到文化学习中去。另外，学校管理者和教师可以更创造性地促进青少年参与篮球运动，鼓励进行游戏来代替传统教学，使训练与教学结合起来〔1〕。

7.2.4　家庭动力因素

父母对青少年个体的发展建议是青少年进行篮球运动的又一根本来源，换句话说家庭的教育观对青少年参与篮球运动有重要作用。若是父母对青少年学生参与篮球运动进行相应的反对，学生则会很难参与到篮球运动中来。对于现在家庭来讲，通过了解得知，父母更希望孩子参与到学习中来，一是因为学校生活中学习是青少年个体学习的天职，只有

〔1〕 Consuelo B, Karen G. Physical Activity Pattern of Prepubescent Filipino School Children During School Days［J］. Journal of School Health, 2009, 79 (7): 304 - 311.

取得好的成绩考上理想的学校，才会在以后的社会中获得好工作。二是家长反对青少年个体参与篮球运动则是害怕孩子受伤，毕竟篮球运动是属于对抗激烈的项目，比赛情绪激烈时，也总会出现相关不必要的事件。因此，这也是家长对其反对的原因。当然也有家长支持自己的孩子参与篮球项目，首先是家长认识到青少年个体因素的体质健康发展，认为篮球运动有助于青少年快乐成长；其次也是家长善于发现孩子的特长与优势，认为篮球运动适合青少年个体的长期发展。综上所述，改善家长对孩子篮球运动的支持，这也是青少年篮球运动发展的直接动力因素。

8 我国青少年校园篮球发展动力对策

8.1 管理部门落实国家政策，通过制度促进校园篮球运动发展

在2016年5月6日国务院办公厅印发《关于强化学校体育促进学生身心健康全面发展的意见》（以下简称《意见》）中指出，要深化教学改革，强化体育课和课外锻炼。以培养学生兴趣、养成锻炼习惯、掌握运动技能、增强学生体质为主线，建立大中小学体育课程衔接体系〔1〕。国家政府领导人也高度重视与关心，习近平总书记在青少年体育方面曾多次作出重要批示，体育运动造就人民体质健康，意志坚定，这对国家民族长久来讲是保持旺盛生命力的重要保障。因此，这便要求各级职能政府部门切实加强制度的落实与维护，建立有效的监督机制，责任有效落实到各个学校中。

校园篮球作为校园体育的重要组成，基于长久的发展过程中形成了其特有的功能价值观。《意见》同时要求与规定，要完善体育课程，学校体育工作要坚持课堂教学与课外活动相衔接，保证课程时间，提升课堂教学效果，强化课外练习和科学锻炼指导，调动家庭、社区和社会组织的积极性，确保学生每天锻炼一小时，这同时也为长久以来的校园体育得不到有效保障起到关键作用。因此，在一系列的政策落实方面，政府部门要发挥其主导作用，落实制度的保障与实施监督，从而有效促进校园篮球运动的开展。

篮球运动作为国家高度重视的体育运动项目，教育部也于2015年与美国职业篮球联盟（NBA）开展了一系列相关合作，在合作发展中

〔1〕 国务院办公厅印发《关于强化学校体育促进学生身心健康全面发展的意见》［EB/OL］.［2016-05-06］. http://news.xinhuanet.com/2016-05/06/c_1118819601.htm.

举办了相关的体育论坛，共同开发设计了篮球运动课程，定期对校园的篮球教师及校园优秀篮球运动员进行培训，通过中美合作交流渠道来促进我国校园篮球运动的教育和发展。

因此，对于政府管理部门来讲，要建立完善的管理体制，教育部门要在校园篮球的开展中起到主体作用，承担起工作中的责任意识，促进篮球运动在校园中的推广，保证其制度、文件、竞赛体系的贯彻落实。体育部门也要起到相应的协助作用，发挥其部门的技术特长以及相应的资源经费，使其共同推动校园篮球的发展。另外在各省市城市应成立由分管教育和体育工作的政府部门的主管领导、教育部门和体育部门分管体育工作的主要领导所构成的青少年校园篮球领导小组〔1〕，共同协作发展。

8.2 加强校园篮球文化的宣传

校园篮球文化的发展是一个长期、全面而又系统的工程。在其校园文化的建设及其篮球运动的健康发展中起着重要的核心作用。校园篮球文化具体可分为篮球精神文化、篮球制度文化和篮球物质文化。篮球物质文化主要是指高校空间中所有以篮球为载体而存在的各种可见的、有形的物器和活动方式，如篮球场馆、器材设施是校园篮球物质文化突出标志。篮球精神文化主要是指篮球运动的价值观、道德观、审美观以及理论体系等等。校园篮球的制度文化则是指组织机构、制度、规则、组织形式等等。篮球物质文化是篮球制度和精神文化的基础，没有物质文化也就没有精神文化的存在，因此，篮球的物质文化丰富了校园的物质文化和精神文化生活。制度文化是有效约束校园青少年学生的行为规范，因此高校篮球文化促进了校园制度文化层面的有序发展，也促进了校园学生的行为规范。篮球精神文化是其核心组成，通过篮球运动可以有效陶冶学生内心品质，强化其意志品质，提高学生的思想情操和审美意识〔2〕。

但是校园篮球文化匮乏是目前制约篮球动力发展的重要事实，因此

---

〔1〕 李卫东，何志林，董众鸣．青少年校园足球竞赛体系发展模式的构建［J］．武汉体育学院学报，2013，47（2）：87－92.

〔2〕 许奋奋．体育文化和校园文化的融合与发展——探析篮球文化在校园文化发展中的作用［J］．北京体育大学学报，2008，31（7）：964－966.

基于目前形势变化，在今后校园篮球文化的工作方面，加强其宣传策略是有效的解决方式。首先在篮球物质文化建设方面：一是要完善校园的基础篮球设施，满足青少年个体在运动中的需要；二是要学校要建立特色的篮球课程，通过不同篮球特色教学或训练使学生充分享受到其乐趣，从而主动进行篮球学习，最终树立良好的篮球参与习惯。其次在篮球制度文化方面，学校要积极落实相关的篮球政策制度，通过规章制度约束一系列不健康的篮球行为，最终建立正确的篮球舆论导向，使青少年学生积极参与其中。最后在篮球精神文化方面，校园一方面要加强校园比赛建设，在积极开展竞赛的同时，又能让学生参与到赛制或观摩中，有效激发学生的动力；另一方面要加强文化宣传，通过一系列篮球讲座或篮球活动来使学生有效参与其中，最终形成学生积极而又健康快乐的篮球发展模式。

8.3　加强教育系统与体育系统融合

国务院办公厅印发《关于强化学校体育促进学生身心健康全面发展的意见》中明确指出，要注重教体结合，完善训练和竞赛体系。学校应通过组建运动队、代表队、俱乐部和兴趣小组等形式，积极开展课余体育训练，为有体育特长的学生提供成才路径，为国家培养竞技体育后备人才奠定基础[1]。体教系统的融合，简单来讲也可以理解为竞技体育和学校教育机制的相结合。

从访谈和分析中得知，当今篮球人才匮乏萎缩的一个重要原因表现在篮球运动员自身的文化知识低下，在其退役后就业问题难，即在篮球运动学习的过程中“学训问题”突出较为严重。多数篮球运动员在其学校的培养过程中，教练员更多关注青少年学生的运动技能，在文化知识的学习上要求不高，而学生个体本身自律意识较差，文化学习并不重视，再加上课余时间的训练，最终导致在篮球事业方面学习和训练造成冲突。

在选择该问题的矛盾解决方面，早在20世纪80年代末，国家体育部门就开始与教育部门合作，出台了系列“体教结合”政策，并开始

〔1〕 国务院办公厅印发《关于强化学校体育促进学生身心健康全面发展的意见》［EB/OL］.［204－－05－06］. http://news. xinhuanet. com/2016－05/06/c_ 1118819601. htm.

了卓有成效的实践。但随着时间的不断推移，“体教结合”并未得偿所愿地实现其既定目标，在高校高水平运动队的建设中逐渐暴露出“学训矛盾”。在学习和训练两者之间，体育部门、教育部门和运动员学生都会毫无疑问地选择后者〔1〕。而到了社会发展的今天，“体教结合”的模式更趋多样化，但学生的体质健康状况却是逐年下降。这便让人们对传统的“体教结合”发展提出了一定质疑。为迎合体育与教育的不断完善与发展，选择“教体融合”的模式是当今体育发展的又一契机。对于青少年校园篮球运动的培养过程同是如此。因此，为促进校园篮球的动力发展，促进“教体融合”模式的形式转变，这便要求首先要转变传统的思想观念，淡化成绩第一的模式观念。在长期的举国体制发展下，我国竞技篮球运动得到了有效发展，但校园篮球并未得到提高。“教体融合”的发展理念主要是培育青少年，青少年是学生，因此要切实加强学生的体质及身心健康，而不是过度重视运动成绩和“金牌论”。其次，要选择建立相关的政策导向，约束学生个体的行为规范。在“教体融合”方面不应只是口号方面的宣传，而是要通过实际的行动来落实到具体工作中。作为教育工作的管理者，应依据实际情况制定一系列相关的体育工作体系，从而最终建立完善制度进行监督和落实。最后，则是要建立同等的教育公平，合理分配体育资源。建立同等的教育公平，这便要求学校教育工作者为运动员个体制订相关的培养计划，而不是一味地和普通学生一样进行文化学习，要根据其运动员本身的实际情况，体现出特殊性。

8.4 改进篮球器材设备

器材设施一直是体育工作过程中所面临的最为突出的问题，对篮球运动本身来讲，也并不例外。由于目前我国的经济发展并不均衡，在城乡区域之间篮球器材设备差异过大，因此导致接受的篮球教育训练机制存在较多问题。对校园篮球运动的发展来讲，开展校园篮球运动的前提便是要有充足的硬件场地资源作为保障。缺少场地器材则会直接影响到课堂教学、训练或是减少学生课余时间的活动量，从而导致青少年个体

---

〔1〕 李安娜. 教育过程公平视角下的“教体结合”［J］. 体育学刊，2008，15（5）：58－60.

兴趣的缺失。从目前统计来看，篮球场地资源远远不能达到学生活动的目的，尤其是在农村中小学。另外场地器材中还存在篮架本身的高度问题，目前针对所有学校的篮球场地来讲，大多数均为标准篮架。这对中小学生进行篮球运动时并不能很好感受到篮球运动的魅力所在，大多数中小学生也会因为力量性、身体形态等问题而不能很好地进行技能练习。

因此篮球运动场地器材的问题上，首先便是要加强社会的关注度，通过政府组织机构以及社会企业的关注度对场地资源进行有效改善，学校也要加强物质资源方面的投入，以保证校园篮球在教学、训练以及学生课余活动中充分利用。另一方面，则是针对篮球场地器材设备的创新问题上，学校要积极采取因材施教的政策，在器材方面进行改善，例如可以因地因人采取不同高度大小的篮板，以适应学生个体的教学需要，最终提高中小学生学习篮球的兴趣。

8.5 建立篮球运动“小学—中学—大学”三级竞赛体系

《关于强化学校体育促进学生身心健康全面发展的意见》中指出，学校要积极开展课余体育训练，为有体育特长的学生提供成才路径。进一步完善竞赛体系，建设常态化的校园体育竞赛机制[1]。篮球运动属于团体项目，在其长久的发展过程中形成了竞争激烈的竞赛模式。

对我国目前来讲，篮球运动的竞赛体系发展并不完善。CUBA 发展至今，“小学—中学—大学”一条龙训练体制已基本建立，许多高校与本省市及外省一些体校或体育重点中学挂钩，从组队、人员编制、训练管理到经费来源都由高校负责解决。但由于高水平竞技体育主要是由各省市体育局主管，造成有发展前途的运动苗子仍然大多进入了专业队，高校招收到的普遍只是一些二三流的后备人才。虽然“小学—中学—大学”一条龙训练体制已被大家接纳并付诸实践运行中，但其整体的优势功能没有得到体现和落实，也就无法与高一层次的专业队或职业比赛接

〔1〕 国务院办公厅印发《关于强化学校体育促进学生身心健康全面发展的意见》[EB/OL].[2016-05-06].http://news.xinhuanet.com/2016-05/06/c_1118819601.htm.

轨[1]。而从竞赛体系这一方面来讲，在小学和中学几乎很少形成与外界学校相联系的篮球竞赛发展模式。而往往到了大学之后才会接触相关的 CUBA、CUBS 篮球竞赛。因此，在篮球长期发展的竞赛体系方面，在健全优秀后备人才输送体制的同时，更重要的则是要形成全新的“小学—中学—大学”竞赛体系。

完善的竞赛体系模式具体可包括明确的目标、合理的组织机构、健全的规章制度。在篮球事业的发展过程中，明确的目标主要是针对青少年校园篮球发展过程中提出相应的开展宗旨，即普及篮球知识和技能，并突出教育特色，实现育人目的。合理的组织机构主要是负责篮球竞赛体系实施的管理、协调、评估等工作。健全的规章制度主要是针对赛制进行相应的完善，针对“小学—中学—大学”三级校园竞赛体系进行管理。可以进行分区竞赛体制，针对全国性的区域进行相应划分，每个区域进行一系列青少年篮球赛事，然后各分区赛决出前几名，再参加全国性的正式比赛。另外，也要建立相应的竞赛资格制度和竞赛奖励制度，主要是针对学校运动员进行严格审批，学校对其运动员同时要进行网上注册，制定严格、统一的学生运动员学籍、注册管理制度和公示制度[2]，以防止在竞赛中出现冒名顶替或是弄虚作假现象的发生。最后则是要建立相应的评价制度，对其小学、中学以及大学的竞赛情况进行客观评价。针对评价结果与学校的年终绩效相结合，使其重视校园篮球的竞赛体系发展。

8.6 篮球明星进校园活动

“明星效应”是青少年关注篮球运动和发展篮球因素的重要动机，这一点我们从对青少年的访谈和问卷调查中早已了解到。对篮球球迷的观察中我们也认识到，中国拥有最庞大的篮球球迷基础。国际调查机构数据表明，中国有 97% 的 12 岁 ~18 岁孩子喜欢打篮球和看篮球，篮球用品也是销量最高的体育产品，NBA 和 CBA 热门比赛的转播甚至超过 3 亿观众。由此可见，对大部分青少年个体来讲，通过媒体来关注篮球

〔1〕 刘成，王满秀，熊曼丽．CUBA 与大超联赛运行机制比较研究—对我国高校竞技篮球“体教结合”的审视［J］．北京体育大学学报，2007，30（2）：270－272，275．

〔2〕 李卫东，何志林，董众鸣．青少年校园足球竞赛体系发展模式的构建［J］．武汉体育学院学报，2013，47（2）：87－92．

赛事已成为喜欢篮球运动的主流。而“明星效应”也是在媒体传播下，人们对其自身喜欢的篮球明星进行的关注、欣赏与喜欢的一定行为。而青少年通过“明星效应”能有效激发其参与篮球运动的兴趣与积极性，以动机与参与意识为导向，投入到篮球技能学习过程中。利用“明星效应”以内心崇拜激发学生篮球技能学习积极性，应用表象理论，推动篮球技能学习质量[1]。因此我们基于篮球明星效应对学生的关注程度，在校园篮球的发展方面，则应从以下方面入手。首先是让篮球明星走进校园。通过篮球明星与学生面对面交流，可以让青少年学生领略篮球运动的风采，体验篮球运动所特有的价值文化，从而推动学生及校园精神风貌的建设。另外也可以通过篮球明星的职业经历与校园篮球队员分享，让其学生直观感受篮球队员的顽强拼搏作风和团队精神，形成学生特有的内心感悟。其次便是学校组织对篮球明星榜样的学习，让青少年学生认真了解自己喜欢的明星，最终通过榜样的力量来使自身取得篮球方面的进步。

8.7 加强学校篮球教练员的培养

篮球教练与体育教师都是校园篮球运动发展的重要因素。本研究通过访谈法及对运动员现状调查后发现，篮球教练员的知识结构单一、校园对篮球教师缺少一定的监督与评价机制、教学或训练经验少及培训力度不够是目前制约青少年校园篮球开展的主要问题。教练员对青少年篮球运动技能及体能、心理方面都有重要的作用与意义。因此，加强篮球教练员的综合业务水平是强化校园篮球动力发展的重要举措。

在校园篮球教练员的培养方面，首先，要强化教练员的综合知识能力，要求教练员不仅要具备基本的篮球业务能力，而且要具备职业岗位所需要的一系列的专项能力。其次，学校管理部门要定期对篮球教练员及相关的体育教师进行相关的考核，针对篮球教师或教练员在该段时期的教学及训练情况进行合理的监督与评价。评价机制也可采用学生评教的方式来进行，使其能够让校园篮球工作者保持积极先进的状态，最终使在校园中形成有效的篮球健康发展模式。另外也要重视对校园篮球教

---

〔1〕 金鑫．明星效应对大学生篮球技能学习的影响问题分析［J］．科教导刊：电子版，2014（31）：130.

练员的选拔和队伍班子建设工作，取缔传统的篮球教练选拔制度，采用篮球教练员的综合业务水平来进行工作引进。最后在篮球教练员的工作问题上，要积极采取“走出去”的培养计划，定期对校园篮球教练员进行业务培训，使其接受先进的篮球理念，同时对自己一段时期的工作进行相应总结。在对校园篮球教练员培训上，一方面，学校要积极采取交流合作的形式，让篮球教练员走出校园，以此进行学习和交流；另一方面相关部门要组织对篮球教练员的学习培训工作，将最先进的国内外篮球教学或训练理念传授给教练员，让其在培训的过程中进行工作方面的学习，从而取得一定进步与收获来促进校园篮球的发展。

8.8 引入社会资源加强校园篮球运动发展

校园篮球的发展过程中经费的不足往往是在训练过程中遇到的重要问题，同时也影响了青少年学生参与篮球运动的积极性。因此这便要调整思路，积极引入社会资源来促进校园篮球运动的发展。首先，在建立完善的篮球竞赛体系之后学校要寻求外界赞助，以外界赞助商的名义来进行一系列相关的比赛，这样可有效节省学校的资金投入。其次，随着经济市场的不断转变与发展，社会、政府部门也要进行深入改革和发展，可有效采取企业公司的名义投资建立相关的篮球运动学校，以科学化的管理以及优厚的待遇吸引一些因某些原因上不了重点篮球学校或篮球基点校的中小学生篮球爱好者，扩大中小学生接受早期训练的人数，增大后备人才的储备量，并且允许这些俱乐部直接代表企业和商家参加比赛〔1〕。再次，通过校内比赛的形式对外界企业、公司部门进行相关联合。相对于中小学来讲，大学校园在校内联赛较为火爆，以此长久的发展来讲更需要外界企业的扶持与帮助，而对外界企业也能很好地起到宣传策划作用，因此通过外界资源的投入来满足青少年个体学生的利益保障，使校园篮球动力取得充足发展。

〔1〕 黄长剑，徐瑞芳．我国青少年篮球培养现状与对策—以福建省为例［J］．长沙大学学报，2011，25（5）：153－156.

9 结论与建议及未来展望

9.1 结 论

9.1.1 校园篮球运动动力机制涉及经济、文化、教育、政府公共服务和体育等多种机制。众多机制并非单一存在，而是相互联系、相互制约的。其理论基础源自系统理论、共生理论、利益相关理论、社会机制运行理论，但同时有别于这4种理论而有自身独特的理论特点与运营方式。

9.1.2 国外青少年校园篮球的发展给予我国青少年校园篮球提供了借鉴依据。美国、西班牙、俄罗斯校园篮球运动发展的共同特征表现在：强有力的国家制度保障，科学系统的大、中、小学培养体系，众多的社会资本投入，良好的赛事运作，宽松的参与环境。针对不同国情每个国家都有其相应的篮球发展规律，因此要基于国情出发选择适合本国的校园篮球发展途径。

9.1.3 青少年校园篮球的动力困境主要集中在学校教育因素、家庭因素及青少年个体动力方面的不足。具体可阐述为：文化缺失、宣传不足、应试教育、学训矛盾、赛事体系不合理、执教水平不高、价值认同度不高、环境设施缺陷等多维驱动疲软因素。

9.1.4 中国青少年篮球运动发展动力影响因子有个人因子、家庭因子、校园因子和社会因子。其中，个人因子涉及篮球价值、自身运动基础；家庭因子涉及家庭教育观、父母篮球运动基础；校园因子涉及篮球教师、硬件设施、课上课下；社会因子涉及制度政策、社会关注、大众传媒。这些动力因子相互制约推动，形成了具体的动力发展观，推进着我国校园篮球运动发展。

9.1.5 青少年校园篮球动力机制的构建主要包含青少年校园篮球的动力结构、动力功能以及动力运作过程及原理。其具体概述为：动力机制主体为青少年个体、家庭、学校、社会、国家及文化、信息、利益三者构成的动力传导；动力机制功能为开发与提供校园篮球运动的动力发展，满足青少年群体的需要；动力机制运行过程为动力源的开发、动力转化以及监控评价机制。

9.2 建　议

9.2.1　管理部门落实国家政策，通过制定制度促进校园篮球运动发展。在政策落实方面，相关部门要切实加强制度的落实与维护，建立有效的监督机制，责任有效落实到各个学校中。

9.2.2　加强校园篮球文化的宣传。一是要完善校园的基础篮球设施，满足青少年个体在运动中的需要；二是学校要建立特色的篮球课程，通过不同篮球特色教学或是训练使学生充分享受到其乐趣。在篮球制度文化方面，学校要积极落实相关的篮球政策制度，最终建立正确的篮球舆论导向。

9.2.3　加强教育系统与体育系统融合。首先要转变传统的思想观念，淡化成绩第一的模式观念。其次是要建立同等的教育公平，合理分配体育资源。根据其篮球运动员本身的实际情况进行文化学习，进而根据其针对性促进其最大化发展。

9.2.4　改进篮球器材设备。不同年龄阶段的篮球比赛和训练，采取不同高度的篮球架和不同大小的篮球，以适应学生个体的教学、训练、竞赛需要，最终提高中小学生学习篮球的兴趣。

9.2.5　建立篮球运动“小学—中学—大学”三级竞赛体系，实现以“普及篮球知识和技能，并突出教育特色，实现育人目的”的明确目标，建立完善的规章制度。

9.2.6　举办篮球明星进校园活动。明星与学生面对面交流，让青少年学生领略篮球运动的风采，体验篮球运动所特有的价值文化，从而推动学生及校园精神风貌的建设。

9.2.7　加强学校篮球教练员的培养，强化教练员的综合业务能力。

9.2.8　引入社会资源，加强校园篮球运动发展，扩大中小学生接受早期训练的人数，增大后备人才的储备量。

9.3 未来展望

9.3.1 青少年是祖国发展的未来和希望，篮球运动亦是如此。加强青少年动力机制的研究，对发展青少年未来篮球事业具有重要的研究意义。本研究主要是针对青少年的动力机制来进行篮球运动的参与分析。对社会学概念来讲，应对其激励机制、整合机制、保障机制等进行下一步研究，使其促进青少年在篮球运动中的发展。

9.3.2 本研究的调查对象主要是针对湖北省中学生和大学生进行相关研究，缺少对一定层面的小学生进行相关调查。另外本研究的区域性不足以概括全部城市，显得有一定局限性。

9.3.3 在本研究中，更多是针对青少年个体进行分析，考虑到篮球人口的性别、区域性因素，这也是今后研究的相关方向。

参考文献

[1] 王恒志，顾涓，霍小光．牢记殷切期望力争全面丰收 [N]．人民日报，2014.

[2] 蔡煜浩．浅谈高校篮球运动的文化精神及精神内涵 [J]．体育时空，2014 (14)：21－24.

[3] 张旭渝．高校篮球文化对大学生素质教育的影响 [J]．广西师范大学 [D]．桂林：广西师范大学，2009.

[4] 曹巾章．高校校园篮球文化研究综述 [J]．内江师范学院学报，2009，24 (2)：87－90.

[5] 霍连娟．中美高校篮球文化比较研究 [D]．武汉：武汉体育学院，2008.

[6] 高朝阳，董宁．新时期建设高校篮球文化的在思考 [J]．当代体育科技，2014 (29)：187.

[7] 游俊锋．校园篮球文化建设与提高大学生德智体美劳的研究 [D]．福州：福建师范大学，2013.

[8] 谢珂．高校校园篮球文化的探讨和研究 [J]．实践与探索．

[9] 丛驰．校园篮球文化建设对高校篮球教学的影响 [J]．当代体育科技，2015 (23)：21－25.

[10] 方武，蒋国勤，郑逢敏．对我国篮球高校文化产业的探讨 [J]．内蒙古体育科技，2008 (3)：23－24.

[11] 侯景明．营口市中小学校园篮球运动发展的现状及制约因素 [J]．辽宁师专学报，2012，14 (3)：73－76.

[12] 岳冀阳，王玉瑾．影响我国高校篮球运动开展的主客观因素分析研究 [J]．广州体育学院学报，2004，24 (5)：78－80.

[13] 崔海明．我国高校篮球教练员研究 [J]．体育文化导刊，2010 (5)：112－114.

[14] 庄志彬．高校篮球运动可持续发展研究 [J]．长沙铁道学院

学报，2014，15（1）：122－123.

［15］张四清．我国篮球运动可持续发展理论研究［D］．开封：河南大学，2015.

［16］郭爱民．高校篮球联赛分等级模式探究［J］．体育世界，2013（5）：33－34.

［17］葛耀，李可可．高教园区大学生俱乐部篮球联赛的创建与实践［J］．北京体育大学学报，2014，37（3）：93－97.

［18］沈坤荣，付文林，李子联．中国经济增长的动力机制与发展方式转变［J］．江苏行政学院学报，2011，55（1）：46－54.

［19］孙瑞祥．当代中国流行文化生成机制与传播动力阐释［D］．天津：天津师范大学，2009.

［20］赖勇泉．文化、观念与制度——国家体育软实力理论模型构建与动力机制分析［J］．广州体育学院学报，2011，31（5）：1－5，16.

［21］马树强．区域教育合作探析：模式、动力机制、过程模型［J］．国家教育行政学院学报，2010（7）：3－5.

［22］孙晓莉．政府公共服务创新：类型、动力机制及创新失败［J］．中国行政管理，2011（7）：48－49.

［23］张瑞林，王晓芳，王先亮．我国全民健身公共服务体系动力机制研究［J］．上海体育学院学报，2013（1）：19－22.

［24］高泳．我国青少年体育参与动力机制研究——以河南为例［D］．北京：北京体育大学，2013.

［25］唐建倦．中国竞技体育后备人才培养动力机制研究［J］．体育与科学，2009，30（6）：50－52.

［26］苗治文，齐凤，等．我国竞技体育发展的动力机制研究［J］．武汉体育学院学报，2011，45（3）：11－13，18.

［27］王长琦．我国“体教结合”的动力机制及其阶段性特点［J］．体育与科学，2008，27（6）：19－21.

［28］阳艺武，刘同员．“体教结合”与“教体结合”的内涵解读［J］．体育学刊，2009，16（5）：45－48.

［29］黄桑波，李建国．后奥运时代我国“体教结合”模式调整探析［J］．西安体育学院学报，2009，26（1）：42－44，95.

［30］樊炳有．农村体育发展的动力机制探讨［J］．武汉体育学院

学报，2005，39（11）：20－23.

［31］唐建倦．竞技篮球后备人才培养运行机制研究中国［D］．北京：北京体育大学，2007.

［32］王晓东，蔡莉，王联聪．由中美大学篮球联赛运行机制比较看 CUBA 可持续发展［J］．西安体育学院学报，2004，21（2）：90－93.

［33］范尧，姜立嘉，张守伟．高校竞技篮球系统自组织演化条件与动力研究［J］．北京体育大学学报，2013，36（1）：108－122.

［34］邓政武．中学生参与篮球运动的动力调节系统研究［J］．体育世界：学术版，2009，12：64－65.

［35］Barbara V，Cindy C，David E. What the Numbers Say about Community Colleges and Athletics［J］. New directions for community colleges，2009，47（10）：5－14.

［36］Douglas J. The Collegiate Ideal and the Tools of External Relations：The Uses of High－Profile Intercollegiate Athletics［J］. New directions for higher education，1999，105（5）：81－90.

［37］Delorme N，Raspaud M. The relative age effect in young French basketball players：a study on the whole population［J］. Scandinavian journal of medicine and science in sports，2009，19（11）：235－242.

［38］Stanley Eitzen. The Sociology of Amateur Sport：An Overview，International Review for the Soeiology Of Sport，1989（2）：95－105.

［39］Gavin Weedon. "Glocal boys"：Exploring experiences of acculturation amongst migrant youth footballers in Premier League academies，Inteznatlonal Reviervtbz－ the Sociology afSpnrt，2011（11）.

［40］Abd. Rahim Mohd. Shariff，Ramlee Mustaph. Social Support Mechanism and Input. Factors on Catharsis Predictors in Sport［J］. Social and Behavioral Sciences，2010（7），588－591.

［41］在线汉语字典［EB/OL］. http：//xh. 5156edu. com/html5/360633. html.

［42］国家中长期教育改革和发展规划纲要（2010—2020 年）［EB/OL］. http：//www. china. com. cn/policy/txt/2010－03/01/content_ 19492625_ 3. htm，2010.

［43］在线汉语字典［EB/OL］. http：//xh. 5156edu. com/html5/

302542. html.

[44] 薛海涛，郑爱莲，谢向阳．关于校园篮球文化的几点思考[J]．考试周刊，2008（53）：159－160.

[45] 在线汉语字典［EB/OL］. http：//xh. 5156edu. com/html5/209541. html.

[46] 在线汉语字典［EB/OL］. http：//xh. 5156edu. com/html5/203318. html.

[47] 张金英．城乡教育一体化的动力机制及战略研究［D］．天津：天津大学，2010.

[48] 在线汉语字典［EB/OL］. http：//xh. 5156edu. com/html5/263460. html.

[49] 许国志．系统科学［M］．上海：上海科技教育出版社，2000.

[50] 钟永锋．竞技运动宏观结构比较研究［D］．武汉：武汉体育学院，2009.

[51] 李海龙．体育公共服务城乡一体化发展动力机制研究［D］．南京：南京师范大学，2011.

[52] 弗里曼．战略管理：利益相关者方法［M］．上海：上海译文出版社，2006.

[53] 陈庆熙，陈荔妮．中国篮球百年历史回顾［J］．吉林师范大学学报：自然科学版，2009（2）：151－154.

[54] 全国体总文史资料编审委员会．中国近代体育文选［M］．北京：人民体育出版社，1992.

[55] 王家宏，陈新，于振峰，王鑫庆．新中国学校篮球运动的发展历程［J］．体育学刊，2004，11（1）：113－116.

[56] 新中国学校篮球活动发展历程［EB/OL］. http：//sports. sina. com. cn/k/2005－12－07/03001921305. shtml，2005.

[57] 巩庆波，胡宗媛．中国篮球文化研究现状分析［J］．首都体育学院学报，2008，20（2）：104－106.

[58] 赵伟．重庆市青少年篮球开展现状分析［D］．重庆：重庆大学，2013.

[59] 司钦如．“阳光体育”背景下体育活动现状及课程改革设想—以河南省城市中学生为例［J］．广西民族师范学院学报，2011，28

(3): 52 -55.

[60] Clement C, Chukwuemeka D, Nosayaba O, Ozoemene N. A survey of orofacial injuries among basketball players [J]. International dental journal, 2011, 61 (9): 43 -46.

[61] 汪光胜，王东亮. 中美后备人才培训的比较研究 [J]. 吉林体育学院学报，2015，31 (6): 36 -40.

[62] 刘闯，文展. 中美篮球后备力量培养途径的比较研究 [J]. 课题成果，2005，25 (2): 94 -95.

[63] 柴立森. 中美篮球后备人才培养体系的对比研究 [J]. 衡水学院学报，2012，14 (1): 69 -72.

[64] Sean M, Edward R. Match Madness: Probability Matching in Prediction of the NCAA Basketball Tournament [J]. Journal of Applied Social Psychology, 2009, 39 (12): 2809 -2839.

[65] 曾建雄. 我国篮球与美国篮球后备人才队伍的建设比较 [J]. 湖北经济学院学报，2008，5 (10): 91 -92.

[66] Jamin B, Gary M. Effects of reasons analysis on the Accuracy of Predicting basketball games [J]. Journal of applied social Psychology, 1999, 29 (3): 517 -530.

[67] 朱旭. 中国、美国、西班牙、阿根廷篮球后备人才培养模式的研究 [D]. 武汉：湖北大学，2013.

[68] 刘兆朋，张秀芳. 西班牙男子篮球运动迅速崛起的因素分析 [J]. 体育研究与教育，2013，28 (6): 34 -37.

[69] 周长满. 俄罗斯男子篮球再次崛起因素分析 [D]. 武汉：武汉体育学院，2012.

[70] 金晨. 中国与俄罗斯篮球后备人才培养中主要因素的比较研究 [D]. 北京：北京体育大学，2004.

[71] 张利超. 俄罗斯国家竞技篮球运动新崛起带来的启示 [J]. 北京体育大学学报，2014，37 (10): 130 -135.

[72] 在线汉语词典 [EB/OL]. http: //xh. 5156edu. com/html5/z79m52j275065. html.

[73] 严精华，潘宁，王小安. 中美篮球文化比较 [J]. 体育文化导刊，2004 (10): 49 -50.

[74] 李文武. 重庆时报：CUBA 为何成不了 CBA 的人才库 [EB/

OL］. http：//www. fjsen. com/p/2013 - 01/14/content _ 10358228. htm，2013.

［75］郭建军. 加强青少年体育工作，培养优秀竞技后备人才［J］. 北京体育大学学报，2014，37（34）：1 -9.

［76］刘玉林，白喜林. 从篮球后备力量看我国的篮球运动水平［J］. 中国体育科技，1998，1（8）：30.

［77］黄优强，周武. 对中国男篮后备人才培养模式的审视［J］. 北京体育大学学报，2014，37（4）：133 -139.

［78］CBA联赛选秀"状元"最低保障工资30万元［EB/OL］. http：//news. xinhuanet. com/sports/2015 - 05/20/c _ 127822235. htm，2015.

［79］体测全不及格！CBA初次选秀遇尴尬，球员多已找到工作［EB/OL］. http：//sports. 163. com/special/anglezero/cbadraft. html，2015.

［80］王静. CUBA发展现状调查分析［D］. 开封：河南大学，2010.

［81］常金鹏. 我国中学篮球联赛赛制研究［D］. 北京：首都体育学院.

［82］杜鹃. 新时期我国篮球教练员队伍建设的探析［J］. 北京体育大学学报，2006（6）：851 -853.

［83］杜鹃，许博，高敏. 新时期我国篮球教练员队伍建设的探析［J］. 北京体育大学学报，2006，29（6）：851 -853.

［84］体育就是一种教育［EB/OL］. http：//opinion. people. com. cn/h/2011/1119/c159301 -4110468198. html，2011.

［85］高晓波，陈小慧. 高校学生体育价值观与其校园文化耦合的路径选择［J］. 中山大学研究生学刊：社会科学版，2009，30（4）：151 -163.

［86］张凤民. 家庭因素对小学生体育参与影响的研究［D］. 长春：东北师范大学，2005.

［87］吴明隆. SPSS统计应用实务：问卷分析与应用统计［M］. 北京：科学出版社，2003.

［88］张文彤. SPSS统计分析高级教程［M］. 北京：高等教育出版社，2004.

［89］张文彤，董伟. SPSS统计分析高级教程［M］. 北京：高等

教育出版社，2011.

［90］Tang SM. An impact model of intranet adoption：an exploratory and empirical research［J］. J System Software，2000，51（3）：157－173.

［91］杨京钟，吕庆华，易剑东，等. 体育用产业政策效率的影响因素：来自福建泉州的证据［J］. 体育科学，2012，32（2）：53.

［92］郑杭生. 社会学概论新修［M］. 第3版. 北京：中国人民大学出版社，2003.

［93］杜力萍. 对我国篮球后备人才培养新途径的实证研究［J］. 中国体育科技，2008，44（4）：48－51.

［94］迪力夏提，买买提. 浅析篮球运动的普及在“全民健身”中的作用［J］. 新疆师范大学学报：自然科学版，2007，26（3）：353－355.

［95］Claudia L，Kernan P. Becoming a team：Individualism，Collectivism，Ethnicity，and Group Socialization in Los Angeles girls' basketball［J］. Intergroup Relation in Girls' basketball，2005，33（4）：542－565.

［96］Consuelo B，Karen G. Physical Activity Pattern of Prepubescent Filipino School Children During School Days［J］. Journal of School Health，2009，79（7）：304－311.

［97］国务院办公厅印发《关于强化学校体育促进学生身心健康全面发展的意见》［EB/OL］.［2016－05－06］. http：//news. xinhuanet. com/2016－05/06/c_ 1118819601. htm.

［98］李卫东，何志林，董众鸣. 青少年校园足球竞赛体系发展模式的构建［J］. 武汉体育学院学报，2013，47（2）：87－92.

［99］许奋奋. 体育文化和校园文化的融合与发展－探析篮球文化在校园文化发展中的作用［J］. 北京体育大学学报，2008，31（7）：964－966.

［100］李安娜. 教育过程公平视角下的“教体结合”［J］. 体育学刊，2008，15（5）：58－60.

［101］刘成，王满秀，熊曼丽. CUBA与大超联赛运行机制比较研究—对我国高校竞技篮球“体教结合”的审视［J］. 北京体育大学学报，2007，30（2）：270－272，275

［102］金鑫. 明星效应对大学生篮球技能学习的影响问题分析

[J]. 科教导刊：电子版，2014 (31)：130.

[103] 黄长剑，徐瑞芳. 我国青少年篮球培养现状与对策—以福建省为例 [J]. 长沙大学学报，2011，25 (5)：153-156.

附 件

附件 1

青少年校园篮球动力发展访谈提纲

专家访谈条目：

1. 您如何看待当代青少年在校园篮球运动的发展？

2. 影响青少年校园篮球的因素主要有哪些？

3. 篮球事业的发展离不开校园篮球的开展，篮球人才的培养在校园显得很重要，国家针对校园篮球发展也出台了相关的政策制度，您认为制约制度实施的主要原因有哪些？

4. 目前青少年篮球的培养制度是否能够满足竞技篮球运动的发展？

5. 针对青少年个体、家庭、校园以及社会政府，在发展校园篮球运动上，它们承担着怎样的任务？制约发展的因素分别是什么？

6. 您对青少年校园篮球运动的有效发展，有什么建议？

篮球、教育部门负责人访谈条目：

1. 您如何看待学生参与校园篮球运动？

2. 针对本地区的校园篮球开展情况，请您谈一谈相关的看法。

3. 政府部门是否有组织学校进行篮球赛事的计划？经费投入如何？

4. 政府部门是如何对篮球教师或是教练员进行培训计划的？

5. 针对篮球运动在学校的开展，国家也制定了相关的政策制度，政府部门是否严格按照制度实施？在实施过程当中遇到了哪些问题？

6. 篮球事业的发展离不开校园篮球的开展，篮球人才的培养在校园显得很重要，政府部门是如何把这种需要传递给青少年个体，家庭及学校？遇到过什么样的阻力？

7. 您认为学生在参与篮球项目的过程当中，存在哪些制约因素？

8. 政府部门是否在校园篮球的发展问题上制定了相关的制度要求？

9. 对促进青少年校园篮球运动，在今后的工作开展当中您有什么样的建议？

学校负责人访谈条目：

1. 您对学生们参与篮球运动有什么看法？

2. 学校在篮球课堂或是篮球课堂是如何安排课程的，学校是否有相关的篮球运动制度保障？

3. 学校是否会定期组织或是参加相关校内或者校外的篮球比赛？多长时间会组织1次？

4. 您认为学生在参与篮球项目的过程当中，存在哪些制约因素？

5. 学校是否承担着很大的学业压力，这种学业压力是否会制约校园篮球运动发展？

6. 学校是否会对篮球教师或者篮球教练员的上课情况，或是技术水平能力进行反馈？是否会定期组织相关培训来加强篮球教师或篮球教练员的综合能力？

7. 针对篮球运动在学校的开展，国家也制定了相关的政策制度，学校是否严格按照制度实施？在实施过程当中学校遇到了哪些问题？

8. 学生在参与学校相关的篮球比赛当中，是否有相关的利益保障？

9. 篮球事业的发展离不开青少年校园篮球的参与，您对校园篮球培养专业人才有什么看法？

10. 您对学生们参与篮球运动，有什么想法和建议？

家长访谈条目：

1. 您支持自己的孩子参与篮球运动吗？

2. 您和家人是否喜欢篮球运动？会看相关的篮球比赛吗？

3. 说说您对孩子参与篮球运动的看法。

4. 现在市场上有很多的篮球训练营、培训班，您支持自己的孩子进篮球训练营学习吗？您有带自己的孩子参与篮球培训班吗？

5. 您认为校园篮球的开展是否会影响孩子的学习？

6. 您和自己家人是否有参与篮球运动的习惯，每隔多长时间会进您行相关篮球运动？

7. 您的孩子若是喜欢篮球运动，而且球技高超，您是否会支持的孩子在以后的职业或是工作当中参与篮球运动这个方向？

8. 您如何看待自己孩子自己以后的成才观，您希望如何培养自己的孩子？

9. 篮球运动具有强身健体的作用，对孩子的发展也具有积极作用，在促进孩子参与篮球运动这一方面，您有何建议？

10. 您认为若是孩子参与篮球运动不多，其不足主要是哪些？

青少年访谈条目：

1. 你了解篮球运动吗？你对篮球运动感兴趣吗？

2. 说说你对篮球运动感兴趣的原因，如果不感兴趣，其原因是什么？

3. 你一周有会有多少次去参加篮球运动？每次运动多长时间？

4. 在校期间，学校对参与篮球运动是什么态度？

5. 你的父母支持你参加篮球活动吗？

6. 学校篮球课堂上，你对教师喜欢程度如何？篮球教师水平如何？

7. 考试或是升学是否会对你参与篮球运动造成影响，你是如何看待的？

8. 你了解篮球运动的价值吗？

附件 2

青少年校园篮球发展的动力现状及影响因素调查问卷

同学们：

篮球运动是篮球发展的重要组成部分，发展篮球运动有益于强身健体和为我国篮球事业的发展奠定未来发展基础。作为青少年个体都享有发展篮球运动的权利，参与到其中从而享受到健康快乐发展。为了探索和了解青少年在校园中篮球动力发展的现状和促进篮球事业的发展，我们特此设计了本次调查问卷。本问卷是匿名的，请你如实填写，回答没有正误之分，我们将对你的回答保密，你的回答不会对你产生任何的负商影响。你的回答将会给本研究键供很好的参考依据，非常重要，在此表示感谢！

请你在所列答案后的（ ）内打“√”，在“—”处填写相应内容。请你留意问题是单项选择或是多项选择，多项选择在问题后已经注明，可以选一项或者多项，单项选择只能选一项。谢谢你的合作！最后祝你学习进步、身体健康！

×××

年 月 日

一、个人基本情况调查

性别：男（ ）女（ ）

年龄：岁

你目前的学历：大学（ ）高中（ ）初中（ ）

你父母的职业：父亲

母亲

父母的文化程度：父亲

母亲

二、青少年校园篮球影响因素调查

1. 喜欢参与篮球运动

非常同意（ ）同意（ ）一般（ ）不同意（ ）很不同意（ ）

2. 在篮球课堂外，利用课余时间进行篮球运动

非常同意（ ）同意（ ）一般（ ）不同意（ ）很不同意（ ）

3. 在篮球运动中，不畏惧于挫折，坚定信念

非常同意（ ）同意（ ）一般（ ）不同意（ ）很不同意（ ）

4. 篮球技术水平技高一筹

非常同意（ ）同意（ ）一般（ ）不同意（ ）很不同意（ ）

5. 对于篮球运动，自身懂得的知识高于其他人

非常同意（ ）同意（ ）一般（ ）不同意（ ）很不同意（ ）

6. 篮球运动可以锻炼身体，健康成长

非常同意（ ）同意（ ）一般（ ）不同意（ ）很不同意（ ）

7. 篮球运动可以培养自身的团队合作意识

非常同意（ ）同意（ ）一般（ ）不同意（ ）很不同意（ ）

8. 篮球运动在比赛对抗中容易受伤

非常同意（ ）同意（ ）一般（ ）不同意（ ）很不同意（ ）

9. 受到球技好的同学的影响

非常同意（ ）同意（ ）一般（ ）不同意（ ）很不同意（ ）

10. 受到别人对自身篮球水平的赞赏

非常同意（ ）同意（ ）一般（ ）不同意（ ）很不同意（ ）

11. 与同伴们一起进行篮球运动很快乐

非常同意（ ）同意（ ）一般（ ）不同意（ ）很不同意（ ）

12. 父母支持参与篮球运动

非常同意（ ）同意（ ）一般（ ）不同意（ ）很不同意（ ）

13. 父亲支持我参与篮球运动

非常同意（ ）同意（ ）一般（ ）不同意（ ）很不同意（ ）

14. 母亲支持我参与篮球运动

非常同意（ ）同意（ ）一般（ ）不同意（ ）很不同意（ ）

15. 父亲热爱篮球运动

非常同意（ ）同意（ ）一般（ ）不同意（ ）很不同意（ ）

16. 母亲热爱篮球运动

非常同意（ ）同意（ ）一般（ ）不同意（ ）很不同意（ ）

17. 课余时间进行篮球运动

非常同意（ ）同意（ ）一般（ ）不同意（ ）很不同意（ ）

18. 篮球课堂教师进行篮球技能讲解

非常同意（ ）同意（ ）一般（ ）不同意（ ）很不同意（ ）

19. 喜欢学校篮球教师

非常同意（ ）同意（ ）一般（ ）不同意（ ）很不同意（ ）

20. 除去篮球课堂外，学校有其他篮球活动

非常同意（ ）同意（ ）一般（ ）不同意（ ）很不同意（ ）

21. 在学校里，有教师带领参与篮球运动

非常同意（ ）同意（ ）一般（ ）不同意（ ）很不同意（ ）

22. 学校内篮球硬件设施充足

非常同意（ ）同意（ ）一般（ ）不同意（ ）很不同意（ ）

23. 课外活动中，篮球场地设备充足

非常同意（ ）同意（ ）一般（ ）不同意（ ）很不同意（ ）

24. 家中附近有篮球场地进行篮球运动
非常同意（ ）同意（ ）一般（ ）不同意（ ）很不同意（ ）
25. 受篮球明星的影响热爱篮球运动
非常同意（ ）同意（ ）一般（ ）不同意（ ）很不同意（ ）
26. 球技高会受到他人的尊敬与欣赏
非常同意（ ）同意（ ）一般（ ）不同意（ ）很不同意（ ）
27. 周边的同伴、朋友都在关注篮球运动
非常同意（ ）同意（ ）一般（ ）不同意（ ）很不同意（ ）
28. 在放学后，有人带头进行篮球运动
非常同意（ ）同意（ ）一般（ ）不同意（ ）很不同意（ ）
29. 家里附近篮球设备完善
非常同意（ ）同意（ ）一般（ ）不同意（ ）很不同意（ ）
30. 通过节目倡导参与篮球运动
非常同意（ ）同意（ ）一般（ ）不同意（ ）很不同意（ ）
31. 喜欢通过节目看篮球比赛
非常同意（ ）同意（ ）一般（ ）不同意（ ）很不同意（ ）
32. 节目中的篮球比赛使自己热爱篮球运动
非常同意（ ）同意（ ）一般（ ）不同意（ ）很不同意（ ）
33. 篮球运动有相关的政策指引
非常同意（ ）同意（ ）一般（ ）不同意（ ）很不同意（ ）
34. 政府部门针对校园篮球出台了相关政策
非常同意（ ）同意（ ）一般（ ）不同意（ ）很不同意（ ）
35. 篮球运动政策运动良好
非常同意（ ）同意（ ）一般（ ）不同意（ ）很不同意（ ）

三、青少年校园篮球开展情况调查

1. 学校一周有几次篮球活动
2. 学校每个学期组织几场篮球比赛
3. 在课余时间，进行哪些活动（多选）
① 学习文化知识（ ）②看电视（ ）③玩电脑（ ）
④进行辅导班学习（ ）⑤进行篮球运动（ ）⑥看书（ ）
⑦出去玩耍（ ）⑧玩游戏（ ）⑨进行篮球运动（ ）
4. 篮球运动的参与方式（多选）
① 看 NBA、CBA 比赛（ ）②看篮球报道（ ）

③通过篮球课堂（ ）④通过课余时间活动（ ）
⑤通过校队篮球比赛（ ）⑥明星效应（ ）
四、对影响自身的篮球活动的因素，其他方面的建议：

致 谢

本研究是在导师郑伟涛教授的悉心指导下，由本人独立完成的。导师严谨的治学态度、宽以待人的学者风范，使我在学术上和做人上受益匪浅，在此向导师表示衷心的感谢！

在武汉体育学院学习、工作、生活了20多年，感谢在我人生路上给予我帮助、鼓励、指导的每一位教师。

博士研究生的学习期间，与同学结下了深厚的友谊，我将永远珍藏心中，祝福同学在今后的道路上事业有成、家庭幸福！

感谢我的家人，为了我能顺利完成学业，给予了我极大的支持和鼓励！